왜
하인리히 4세는
카노사에서
굴욕을 당했을까?

19
역사공화국
세계사법정

교과서 속 역사 이야기, 법정에 서다

하인리히 4세 vs 그레고리우스 7세

왜 하인리히 4세는 카노사에서 굴욕을 당했을까?

글 이영재 이명재 · 그림 이주한

|주|자음과모음

서양사에는 재미있는 사건들이 많이 나옵니다. 이 가운데 특히 중세 시대에서 가장 많이 이야기되는 것이 이른바 '카노사의 굴욕'이라고 불리는 사건이지요. 아직도 많은 사람들은 이 사건을 황제가 추운 겨울날 교황에게 맨발로 무릎을 꿇은 채 빌고 있는 모습으로 기억합니다. 결국에는 교황이 로마에서 물러나 쓸쓸히 죽고 말았지요. 그래서 한편으로는 황제권이 약해졌을 때, 교황이 정치적 야망을 채우기 위해 세속적인 권력을 얻으려고 억지를 부리다가 실패한 사건으로 평가받고 있기도 하답니다.

그런데 독자 여러분은 이 점이 많이 궁금할 거예요. 도대체 왜 그 막강한 권력을 손에 넣었던 황제가 교황에게 무릎을 꿇고 빌어야 했을까? 그리고 이것은 누구의 강요 없이 자발적으로 이루어진 행위였을까? 아니면 단지 실수로 일어난 우발적인 사건이었을까? 그것도 아니라면 언젠가는 폭발할 수밖에 없었던 사건이었을까? 그렇다면 무슨 이유로 군주권과 교황권은 대립할 수밖에 없었을까?

이렇게 이 사건은 수많은 의문을 불러일으키기에 충분하지요. 이 대답을 알기 위해서는 역사 속으로 들어가 당시의 정치적, 사회적, 경제적 상황을 살펴보아야 합니다. 그리고 이전에 있었던 교회 개혁 운동에 관해서도 알고 있어야 하지요. 그러면 이 사건이 어떻게 일어났는지, 잠시 그때의 상황을 한번 살펴볼까요?

11세기는 서유럽 사회가 정치, 경제, 사회 등 모든 면에서 발전하던 때였습니다. 그때까지 야만족의 침략에 시달리던 군주나 황제들은 교회의 성직자들을 보호하고 통제하며 제국 교회 체제를 강화했지요. 세속의 절대 권력자인 황제나 군주가 직접 고위 성직자들을 임명함으로써 교회를 세속 권력의 손아귀에 넣었다는 의미입니다.

하지만 교황 그레고리우스 7세가 등장하면서 상황은 바뀌기 시작했습니다. 교황 그레고리우스 7세는 교황이 종교와 정치 모든 영역에서 절대적인 힘을 갖는 그리스도교 사회를 펼치려고 했습니다. 그런데 프랑스 지역에 있던 클뤼니 수도원에서 이미 개혁 운동이 일어났지요. 클뤼니 수도원은 군주나 황제 같은 교회 밖의 정치적 간섭으로부터 자유로워지려고 했습니다. 수도원장을 수도원이 스스로 임명하려 했지요. 클뤼니 수도원은 세속 권력으로부터 교회의 자유를 얻어가고 있었던 것입니다.

교황 그레고리우스 7세는 이러한 클뤼니 수도원 개혁 운동에서 깊은 영감을 받았습니다. 그래서 그는 교황 중심의 그리스도교 공화국 체제를 만들기 위해, 교회와 사회의 개혁을 구상했지요. 그리고 앞으로 서유럽이 나아가게 될 새로운 사회상을 제시했습니다.

이에 버금가는 주인공, 신성 로마 제국의 황제인 하인리히 4세 또한 서양 중세의 역사를 굵직하게 장식했지요. 하인리히 4세는 아버지인 황제 하인리히 3세의 갑작스러운 죽음으로 인해 어린 나이에 왕위에 오르게 되었답니다. 어린 황제의 힘은 너무나도 약했고, 고위 성직자들과 귀족 관리자 계층은 어린 황제를 따돌리고 자신들의 이익과 권력을 키우는 데만 신경을 썼습니다. 주교와 수도원장을 고르고 뽑는 일은 그때까지 황제의 권한이었는데, 황제가 힘이 약했기 때문에 이에 대한 세속 귀족의 영향력은 커질 수밖에 없었지요. 다시 말해, 주교 및 수도원장과 같은 고위 성직자들과 공작, 백작과 같은 대 제후들이 황제 정부에 대항하는 새로운 정치 집단으로 힘을 모으며 성장하고 있었던 것입니다. 결국 황제의 권한은 점점 더 약해졌지요.

이러한 때, 교황 그레고리우스 7세는 교회 개혁을 외치면서 황제가 가지고 있던 성직자 임명권을 교회로 가져오려 했습니다. 이것 때문에 그는 하인리히 4세와 갈등을 빚게 되지요. 이때 발생한 일이 바로 '카노사의 굴욕'이라 불리는, 황제가 교황에게 무릎을 꿇고 빌었던 사건입니다. 교황이 황제를 내쫓기로 결정하자, 위기감을 느낀 황제가 교황에게 파문 철회를 요청하며 추운 겨울날 무릎 꿇고 빌었던 것이지요.

왜 하인리히 4세는 카노사에서 굴욕을 당했을까?

그런데 교황과 황제가 서로 힘겨루기를 하고 있을 때 새롭게 등장한 세력이 있었는데요. 다름 아닌 신성 로마 제국의 제후들이었습니다. 이들은 하인리히 4세에 맞서는 새로운 황제를 선출하여 하인리히 4세와 계속 대립합니다. 이는 전쟁으로 이어져서 결국에는 교황과 황제 사이에 또 한 번 폐위와 파문이 일어나게 되었답니다. 당시 황제와 교황은 어째서 한 번도 아니고 두 번씩이나 이러한 일을 반복했을까요? 도대체 무슨 일이 일어났던 것일까요?

이 책에서는 '카노사의 굴욕' 사건이 단지 우연히 한 번 일어나고 만 사건이 아니라는 것에 초점을 맞추어 당시의 상황을 그리고 있습니다. 이 사건은 교황 그레고리우스 7세가 교회를 개혁하기 위한 개혁안을 제시했고, 이를 실행하는 과정에서 일어날 수밖에 없었던 것이기 때문입니다.

황제 하인리히 4세는 한때 자신을 추운 겨울 날 맨발로 무릎 꿇게 만들었던 교황 그레고리우스 7세를 역사공화국 세계사법정에 세웠습니다. 하인리히 4세는 그레고리우스 7세에게 직권 남용과 명예훼손으로 손해배상 소송을 걸었지요. 자, 하인리히 4세는 이제 그레고리우스 7세로부터 생전에 받았던 굴욕을 깨끗이 씻고 황제로서의 명예를 회복할 수 있을까요? 지금부터 황제 하인리히 4세와 교황 그레고리우스 7세를 만나 왜 그때 그런 행동을 할 수밖에 없었는지 두 사람의 이야기를 한번 들어 봅시다.

이영재

중세 서유럽 세계에서는 크리스트교가 더욱 발달했다. 교황을 따르는 교회를 로마 가톨릭 교회라 부르게 되었다. 교회의 세력이 커지면서 교회의 타락과 부패도 막을 수 없었다. 뿐만 아니라 교황과 황제 간에 카노사의 굴욕과 같은 충돌이 일어나기도 했다.

10세기 동프랑크 왕국의 오토 1세는 교황으로부터 로마 황제의 관을 받았다. 황제는 교황에게 주교나 수도원장 등의 성직자를 임명할 권리도 받았다. 그러나 11세기 후반 교황 그레고리우스 7세가 이러한 성직 임명권을 교황에게 되돌리려 했고, 이로 인해 당시 황제인 하인리히 4세와 충돌을 빚게 되었다. 황제는 교황의 폐위를 선언하고, 교황은 황제를 파문하였다. 결국 하인리히 4세는 교황이 머물던 카노사 성을 찾아가 무릎을 꿇고 용서를 비는 굴욕을 맛보았다.

중세 유럽 사회에 큰 힘을 가진 것은 로마 가톨릭 교회였다. 로마 교회는 교황을 우두머리로 하였고, 교황은 대관식을 통해 군주들의 통치권에 신적인 권위를 실어주었다. 이렇게 교회가 부나 권력과 관계를 맺고 현실 세계에서 힘을 갖게 되면서 여러 가지 부작용이 생기기도 했다.

고등학교	세계사	III. 지역 문화의 발전과 종교의 확산 　2. 중세 유럽의 형성 　　(4) 로마 교회와 중세 사회

11세기 말 클뤼니 수도원 출신의 교황 그레고리우스 7세는 군주가 성직자를 임명하는 것을 반대하였다. 그리고 군주마저 교황의 감독 아래에 있다고 주장하기도 했다. 이러한 주장은 신성 로마 제국의 황제 하인리히 4세의 뜻과 충돌하였다. 결국 제후들의 지지를 받지 못한 황제는 교황에게 굴복하였는데, 이를 '카노사의 굴욕'이라고 한다.

원고 **하인리히 4세**(1050년~1106년, 재위 기간 : 1057년 ~1106년)

나는 신성 로마 제국의 황제로서 이전 황제들이 지 녔던 신성한 군주권을 다시 찾고자 성직자, 귀족들 과 싸웠습니다. 그러던 참에 교황 그레고리우스 7세 와 갈등이 일어나 카노사에서 굴욕을 당했어요. 불 명예스럽지만 나는 이 일로 유명세를 탔지요. 흠!

원고 측 변호사 **김딴지**

딴죽 걸기의 명수, 역사공화국 세계사법정의 떠오르 는 변호사 김딴지입니다! 난 사람들에게 알려진 역사 가 모두 진실이라고 생각하지 않아요. 추락한 황제의 지위를 다시 회복하는 것도 정당하고 의로운 일이라 믿습니다.

원고 측 증인 **샤를마뉴 대제**

나는 프랑크 제국 카롤링거 왕조의 황제였답니다. 신의 은총을 받은 나의 황제 대관식은 유명하지요. 나는 땅을 넓히고 유럽의 우수한 학자들을 궁정으로 모아 학문과 문예를 부흥시켰답니다. 이번 법정에서 신성한 군주권에 대해 증언하겠어요!

원고 측 증인 **휴 클뤼니 수도원장**

나는 교회 개혁의 디딤돌이 된 클뤼니 수도원의 수도원장이랍니다. 나는 하인리히 4세의 대부로서 '카노사의 굴욕' 사건 때 교황 그레고리우스 7세에게 하인리히를 용서해 줄 것을 적극적으로 요청했지요.

원고 측 증인 **마나세스 랭스 주교**

나는 예로부터 성직자인 주교좌의 권한이 강했던 랭스 지방의 주교입니다. 교황 그레고리우스 7세가 파견한 교황 특사에 의해 파문당했지요. 그래서 나는 그레고리우스 7세에게 강한 반감을 가지고 있습니다.

피고 그레고리우스 7세(1015년~1085년, 재위 기간 : 1073년~1085년)

나는 11세기에 교회 개혁을 시도하다 신성 로마 제국의 황제 하인리히 4세와 갈등을 일으켰던 교황입니다. 결국에는 황제가 내 앞에 무릎을 꿇었지요. 나는 그리스도교 공화국의 우두머리인 교황이 이끄는 유럽 사회를 꿈꿨고, 새로운 전망을 제시하고자 했던 야심찬 개혁가이지요.

피고 측 변호사 이대로

역사공화국의 이름난 변호사 이대로입니다! 나는 그레고리우스 7세가 이끌었던 교회 개혁은 반드시 필요한 것이며 유럽 사회에 중대한 영향을 끼쳤다고 확신하지요. 내가 절대적으로 지지하는 교황 그레고리우스 7세를 위해 멋진 변론을 준비했답니다.

피고 측 증인 오도 클뤼니 수도원장

나는 클뤼니 수도원의 2대 수도원장으로서, 수도원
개혁을 이끌었지요. 나의 탁월한 지도력에 의해 클뤼
니 수도원의 개혁 정신은 유럽 전역으로 퍼져 나갈
수 있었답니다.

피고 측 증인 훔베르트 추기경

나는 교회 개혁 운동에 앞장섰던 추기경으로, 성직
매매를 강하게 반대했지요. 또한 황제는 황제일 뿐,
교회의 일에 직접 나서면 안 된다고 주장하기도 했습
니다. 이런 나의 생각을 이번 재판에서 똑똑히 증언
하려 합니다.

피고 측 증인 마틸다 백작 부인

나는 막대한 재산을 상속받은 토스카나의 백작 부
인입니다. 이번 사건의 배경이 된 카노사 성의 주인
이었지요. 신앙심이 깊었던 나는 교황 그레고리우
스 7세를 지지했어요. 교황과 황제의 내전 때는 교
황 측에 군대를 보내 직접 지휘하기도 했답니다.

"황제가 교황에게
무릎을 꿇었다고요?"

여기는 역사 속 영혼들의 나라인 역사공화국. 그리고 이 세상에 억울한 영혼이 한 명도 없기를 진심으로 바라는 변호사 김딴지!

찌는 듯한 여름 한낮. 몇 십 년 만에 찾아온 폭염 앞에 모두가 허덕이며 땀을 흘리는 여름이었다. 연일 이어지는 무더위를 알리느라 신문과 TV는 여간 시끄러운 게 아니었다. 김딴지 변호사의 작고 허름한 사무실 안에는 낡은 선풍기만이 덜덜거리는 소리를 내면서 더운 열기를 내뿜고 있었다.

"어휴, 더워. 작년 여름보다 올 여름이 더 더운 것 같아요. 완전히 용광로예요. 꼼짝도 하지 말아야 해. 어? 어디 가셨나?"

연실 흐르는 땀을 닦으며 사무실에 들어온 사람은 이 사무실의 유일한 직원인 나먹보였다.

"김 변호사님! 어디 게시지? 나가신다는 이야기는 듣지 못했는데…… 이 더운 날 어디로 가신거야?"

바로 이때, 소파 쪽에서 쿵 하는 소리가 들렸다. '혹시 사무실에 도둑이 들어왔나'하는 생각에 얼른 집어 들 물건을 찾아보니 문 옆에 빗자루가 하나 놓여 있었다. 빗자루를 집어 들고 살금살금 소파에 가까이 가 보니 김딴지 변호사가 바닥에 굴러 떨어졌다가 일어나고 있었다.

"에잇, 아파라. 이 소파를 바꾸어야지. 아이고, 허리야……. 좁아서 도저히 잘 수가 없네!"

"소파를 바꾸는 것보다 살을 좀 빼서 이 소파에 몸을 맞추시는 것이 더 빠를 것 같은데요. 히히."

김딴지 변호사는 굴러떨어지면서 부딪친 엉덩이와 팔을 비비면서 눈을 흘겼다.

"왜 이래, 이래 봬도 옛날에는 모델들도 울고 갈 몸매였다고."

나먹보는 의심쩍은 표정으로 곁눈질을 하면서 다시 물었다.

"정말이요? 도저히 상상이 가지를 않네. 그런데 이번에는 여름휴가 없어요? 작년에도 이 찜질방 같은 사무실에서 저 고물 선풍기와 씨름을 했는데……."

"그래, 보내 줄게. 기다려 봐. 내가 이래 봬도 왕년에는 잘나가던 변호사였어."

"정말이요? 그런데 지금은 왜 이래요? 직원이라고는 나 하나인데, 휴가도 없고 월급은…… 글쎄 언제까지 받았나? 기억도 없네요. 정말 잘 나가던 변호사였다면 지금쯤 모르긴 몰라도 사무실에 고물 에어컨이라도 있어야 하지 않나요?"

"먹보야. 세상에는 말이야, 에어컨보다 더 중요한 것들이 많아. 그리고 내가 사건을 맡지 않아서 그렇지, 한번 소송을 맡으면 정말 멋진 변호를 한단 말이야. 논리적이고 냉철한 분석에서 나오는 변론. 법정 안을 순식간에 얼어붙게도 만들고, 따뜻한 감동에 빠뜨리기도 하고…… 네가 한번 봤어야 하는데 말이야."

"에잇, 믿기지가 않아요. 김 변호사님이 정말?"

"너 모르니? 그 유명한 사건. 교황 앞에 무릎을 꿇고 사죄했던 하인리히 황제를 내가 변호했잖니. 아, 내가 생각해도 그때 정말 멋졌는데."

"그래요? 그런 사건도 있었어요? 아니, 황제가 왜 교황에게 무릎을 꿇고 사죄를 해요? 나는 도저히 이해가 되지 않네. 정말 그런 사건을 맡아 변호를 하셨어요?"

"얘가, 얘가, 정말 나를 못 믿나 봐! 저기 사건 서류들 기록 속에서 찾아 봐. 그때가 언제더라? 한참 전이었는데, 한 10년은 되었던가? 아마 이맘때쯤이었을 거야, 장마여서 비가 억수로 쏟아졌었지. 늦은 시간까지 일을 하고 있는데, 누가 사무실 문을 힘차게 두드렸어. 그래서 '이 야심한 시간에 찾아올 사람이 누군가? 정말로 억울한 사연이 있는 사람이겠구나'하고 생각했지. 그렇지 않다면야 그 늦은 시간에 찾아 왔겠어?"

나먹보는 흐르는 땀을 닦으면서 호기심에 눈을 반짝였다.

왜 하인리히 4세는 카노사에서 굴욕을 당했을까?

"오! 갑자기 서늘해지는데요. 누가 찾아왔어요?"

"글쎄, 자신은 억울한 일을 당했는데 도저히 용서가 되지 않는 사람이 있다면서, 그 사람을 고소하겠다는 거야. 그래서 내가 당신은 누구십니까? 하고 물으니 자기는 신성 로마 제국의 황제 하인리히 4세라는 거야. 그래서 내가 물었지. 그럼, 당신이 고소를 한다는 사람이 혹시 교황입니까?"

"그걸 김 변호사님이 어떻게 아셨어요?"

"내가 좀 공부를 했잖니. 학교 다닐 때 세계사를 얼마나 좋아했다고. 그래서 좀 아는 척을 했지."

"그래서요? 다음에 어떻게 되었어요? 빨리 좀 이야기해 주세요. 궁금해지는데요."

"급하기는. 황제라는 사람은 내가 바로 맞추니까 조금 놀라더라고. 그러면서 그 교황을 명예훼손 혐의로 고소하고 싶다는 거야. 나에게 사건을 맡아 줄 수 있느냐면서. 너도 알다시피 역사에 기록된 사실을 뒤엎는다는 것은 쉽지 않은 일이거든. 거의 가망이 없다고 봐야 하지. 망설이는 내 모습을 보더니 자신은 억울하다면서 진실을 밝혀 달라고 부탁하는데 그 모습이 얼마나 간절하던지, 나는 그 자리에서 승낙을 하고 말았어."

"와, 멋지신데요. 우리가 당연하다고 알고 있는 역사적인 사실에 오류가 있어서 수정을 해야 한다, 뭐 그러한 내용인 것 같은데 떨리지는 않으셨어요?"

"뭐랄까, 떨리기보다는 나도 사실은 궁금했어. 만에 하나 이 사람이 이야기한 것들이 사실이라면? 이런 생각에 나도 모르게 그 사건을 맡기로 한 것 같아. 그리고 정말 황제가 자신이 이야기한 대로 억울한 일을 당한 것이라면 내가 도와주는 것이 당연하다고 생각했지."

"그래서 재판 결과는 어떻게 되었나요?"

김딴지 변호사는 가만히 그때의 일을 떠올려 보았다. 마치 어제 일어난 일 같이 그때의 기억이 정말 생생하게 펼쳐졌다. 그때 황제 하인리히 4세가 김딴지 변호사를 찾아와서 했던 말이 다시 한 번 귓가에 맴돌았다.

"지금부터 내가 하는 이야기를 잘 들어 보십시오. 아마 후회하지는 않을 것이오. 내가 소송을 걸려는 사람은 아시다시피 나에게 굴욕을 맛보게 했던 영원히 잊을 수 없는 그 이름, 바로 교황 그레고리우스 7세입니다. 나를 무릎 꿇게 한 사람이지요. 김딴지 변호사 내 변론을 맡아 주겠습니까? 나도 이제는 숨김없이 말하고 싶습니다."

김딴지 변호사는 그때 반신반의하는 마음으로 그의 이야기 속으로 빠져들었다.

교황과 황제의 힘겨루기

10세기 초 클뤼니 수도원은 윌리엄 아뀌텐느 공작이 기부한 땅에 건립되면서 주변 수도원들과는 다른 형태로 출발하여 수도원 개혁 운동을 이끌었어요. 클뤼니 수도원의 다른 점은 무엇이었을까요? 대부분의 수도원에서는 땅과 재산을 기부한 귀족들이 많은 권리를 행사하려 했어요. 자신들의 마음에 드는 인물로 수도원장을 임명하여 자신들이 관리하려 한 것이지요. 이러다 보니 많은 수도원이 세속인의 영향을 받아 경건한 수도 생활에 전념하기 어려웠어요. 그러나 클뤼니 수도원은 설립 때부터 수도원이 모든 권한을 지니도록 자율적이고 독립적으로 세워졌어요. 이는 기부자인 윌리엄 공작이 수도원에 대한 모든 권리를 포기하고 수도원에 위임하였기 때문이에요.

클뤼니 수도원의 영향을 받은 교황 그레고리우스 7세는 자율적으로 교회를 개혁해야 한다고 생각했어요. 그래서 교회가 성직자 임명권을 지녀야 한다고 주장했지요. 당시에는 황제나 군주가 가지고 있었거든요. 이러한 권한을 당연한 것으로 간주하던 세속 권력자들은 교황의 주장에 강한 반감을 가지게 되었어요. 결국 교황 그레고리우스 7세와 황제 하인리히 4세는 큰 갈등을 빚게 되고, 교황은 황제를 파문하기에 이르러요. 파문 당한다는 것은 로마 교회에게서 버림을 받았다는 의미로, 더 이상 크리스트교 신자가 아니라는 의미였어요.

그리하여 생겨난 일이 1077년 1월 '카노사의 굴욕' 사건이에요. 하인리히 4세는 그레고리우스 7세가 잠시 머물고 있던 카노사 성으로 찾아갔어요. 그리고 맨발로 무릎을 꿇고 용서를 청하며 3일을 기다렸지요. 결국 교황이 황제를 사면해 주었답니다. 이 일은 교황과 황제의 힘겨루기에서 교황이 승리한 사건으로 역사에 남았어요. 그런데 정말 그럴까요? 진정한 승자는 누구인지 지금부터 자세히 살펴보도록 해요.

카노사의 굴욕을 그린 그림

| 원고 | 하인리히 4세 | 대리인 | 김딴지 변호사 |
| 피고 | 그레고리우스 7세 | 대리인 | 이대로 변호사 |

청구 내용

나, 하인리히 4세는 신성 로마 제국의 황제였습니다. 내가 황제로 재위하던 11세기에 신성 로마 제국은 정치, 경제, 사회 모든 면에서 변화를 맞이하고 있었습니다. 농촌에서는 봉건제가 발전하고 새로운 도시가 생겨나면서 상업이 발달하기 시작했으며, 인구 또한 늘어났습니다.

한편에서는 그리스도교 교회가 성장하고 있었습니다. 초기에는 박해를 받기도 했지만, 그리스도교는 점차 제국의 종교가 되었습니다. 그리하여 교회는 중세 초기 서유럽의 정치적 공백기 동안 제국의 해체된 통치력을 대신했습니다. 이 점은 높이 평가합니다.

때마침 우리의 선조, 위대한 샤를마뉴 황제께서는 대관식을 통해 자신이 '신의 은총에 의한 군주'임을 세상에 널리 알렸습니다. 대관 예식은 주교가 황제의 머리에 성유를 발라 은총을 수여하는 것입니다. 이러한 의식을 통해 군주는 신에 의해 선택된 존재임을 알리고 통치권의 정통성을 입증받았습니다.

황제는 하느님의 은총으로 결정되는 것이지 교회의 교황을 통해 주어지는 것이 아닙니다. 그러나 교황 그레고리우스 7세는 이렇게 선택된 나를 한 번도 아닌 두 번이나 폐위하고 파문했습니다. 역사상 이런 대접을 받은 황제는 아마 내가 처음일 것입니다. 이것은 명백한 교황 그레고리우스 7세의 월권행위입니다. 그러므로 나는 그에게 '명예 훼손죄, 직권 남용죄'로 소송을 청구합니다. 나는 이번 소송을 통하여 나의 억울함을 밝히고 싶습니다. 그래서 실추된 나의 명예를 꼭 되찾고 싶습니다.

입증 자료

- 중학교 역사 교과서
- 고등학교 세계사 교과서
  그 외 자료 추후 제출하겠음.

위 청구인 하인리히 4세
역사공화국 세계사법정 귀중

교황 그레고리우스 7세는 왜 교회를 개혁하려 했을까?

1. 교회의 개혁은 왜 필요했을까?
2. 클뤼니 수도원은 어떻게 교회 개혁의 디딤돌이 되었을까?
3. 어떤 사람들이 교회 개혁을 이끌었을까?

1
교회의 개혁은
왜 필요했을까?

"황제가 교황을 고소했다고? 그래도 되는 거야?"

"글쎄, 너무 억울해서 시시비비를 가려 달라고 소송을 걸었다지 뭐야."

"황제한테 무슨 억울한 일? 그리고 교황이 무슨 잘못을 했다고 고소를 해?"

"그야 나도 모르지. 그런데 듣자 하니, 글쎄 저기 보이는 저 황제가 맨발로 무릎을 꿇고 잘못을 빌었는데 교황이 용서를 안 해 주었다나 봐."

"아니, 그러면 화가 날 만도 하지. 황제 체면 다 구겼을 텐데 말이야."

"자, 여러분, 조용히 하세요. 판사님께서 들어오십니다."

그때 앞문이 열리고 검은 법복이 제법 잘 어울리는 젊은 판사가 가운데 의자에 앉았다. 조금은 긴장한 표정이었지만 판사는 총명한 눈빛을 띠고 있었다. 방청객들의 모든 눈이 일제히 판사를 향했다.

신성 로마 제국의 세력 범위

판사 원고 측 변호인, 오늘의 사건은 무엇입니까?

김딴지 변호사 네, 판사님. 이번 재판에서 다룰 사건은 신성 로마 제국의 황제인 하인리히 4세가 교황인 그레고리우스 7세를 고소한 사건입니다.

판사 황제가 교황을 고소했다고요?

김딴지 변호사 네, 그렇습니다. 피고 그레고리우스 7세 교황은 가톨릭 교회의 으뜸 수장으로, 베드로에서부터 이어지는 교회의 모든 권한을 이어받은 분입니다. 그런데 1077년, 원고 하인리히 4세 황제는 피고로부터 폐위와 파문을 당했습니다. 그럼에도 불구하고, 원고 하인리히 4세 황제는 모든 것을 자신의 잘못이라 여기며 참회하는 마음으로 황제의 체면을 다 버린 채 3일에 걸쳐 교황에게 빌었지요. 추운 겨울날 맨발로 무릎을 꿇고서 말입니다. 결국 황제는 교황에게 용서를 받았습니다. 그런데 교황은 용서를 했으면 깨끗하게 해야지, 폐위와 파문을 취소하고는 다시 한 번 더 황제를 폐위시키고 파문하여 원고를 두 번 죽인 것입니다.

신성 로마 제국
신성(神聖) 로마 제국은 962년부터 1806년까지 844년 동안 유지된 제국을 말합니다. 그러나 황제의 권한이 제국 곳곳에 영향을 미치는 황제 국가는 아니었지요.

베드로
그리스도 교회에서 예수의 열두 명의 제자 중 한 사람으로, 로마 가톨릭 교회의 제1대 교황입니다.

폐위, 파문
폐위는 왕을 왕의 자리에서 내려오게 만드는 것을 뜻합니다. 파문은 종교적인 의미로, 신자로서의 자격을 빼앗고 종교 사회에서 영원히 내쫓는다는 것을 의미하지요.

황제 하인리히 4세와 교황 그레고리우스 7세

직권 남용
자기 직책에 따른 일을 하는 척
하면서 직무 바깥의 행동을 함
부로 하여 공정성을 잃는 태도
를 의미합니다.

판사　흠, 교황이 황제를 폐위, 파문하여 황제가 교황에게 무릎 꿇고 빌었다고요? 그리고 이후에도 그런 일이 또 발생했단 말입니까?

김딴지 변호사　그렇습니다, 판사님. 이에 원고 하인리히 4세는 죽어서도 울분을 참지 못하고 역사공화국의 영혼이 되어 저를 찾아왔습니다! 교황인 그레고리우스 7세가 자신을 두 번씩이나 폐위하고 교황이 원하는 새로운 황제를 세운 것에 한이 맺혔던 거지요! 그래서 하인리히 4세는 그레고리우스 7세에게 **직권 남용**과 명예훼손으로 인한 손해배상을 청구하겠다고 합니다.

판사　원고 측의 소송 이유를 잘 알겠습니다. 그렇다면 이번 사건의 초점을 '교황이 황제를 폐위할 수 있는가?'에 맞추어도 되겠군요.

김딴지 변호사가 황제가 교황을 고소한 이유를 설명하자 법정 안은 삽시간에 웅성거리기 시작하였다.

"저런, 교황이 너무 심했구먼."

"아니지. 황제가 뭔가 잘못을 크게 했으니까 두 번씩이나 폐위를 당한 거 아니겠어?"

"보아하니 교황이 황제의 아버지보다 훨씬 나이도 많게 생겼네. 자식 같은 사람이 그러면 안 되지……."

판사　조용히 해 주세요. 자, 먼저 신성 로마 제국의 황제 하인리히 4세, 즉 원고는 자기소개를 해 주기 바랍니다.

하인리히 4세　흠흠, 나로 말할 것 같으면 신성 로마 제국의 황제였던 인물이죠. 죽은 몸이 되어 역사공화국에 와서 듣자 하니, 지상 세계에선 '카노사의 굴욕'이라는 표현으로 내 얘기를 한다고 하죠? 흥, 실상도 모른 채 말입니다! 물론 굴욕적이긴 했죠. 하지만 내가 그때 왜 그럴 수밖에 없었는지 진정으로 내게 관심을 갖고 내 이야기에

세례
그리스도교에서 행해지는 중요한 종교적 의식으로, 교회의 정식 구성원이 되는 것을 의미하지요.

대부
세례를 받을 때, 신앙의 증인이 되어 주는 사람을 말합니다.

귀 기울여 주는 사람은 눈을 씻고 봐도 없더군요! 오죽하면 내가 이렇게 죽어서까지 편히 쉬지 못하고 세계사법정을 정처 없이 떠도는 영혼이 되었겠어요?

판사 네. 원고의 원통한 심정은 이해합니다만, 매끄러운 재판 진행을 위해 어서 자기소개를 해 주세요.

하인리히 4세 그럽시다. 내가 잠시 흥분했군요. 허헛. 나는 독일에서 1050년 11월 11일 황제인 하인리히 3세의 아들로 태어났습니다. 나의 아버지는 교회의 개혁을 위해 아낌없는 지원을 해 주셨지요. 나는 1051년 부활절에 교회에서 세례를 받았는데, 그때 나의 대부와 힐데브란트는 친분이 두터웠습니다.

판사 힐데브란트라고요?

하인리히 4세 아, 힐데브란트는 저기 피고석에 앉아 있는 교황 그레고리우스 7세로, 교황이 되기 전의 이름이지요. 나의 아버지인 하인리히 3세는 힐데브란트를 많이 아끼고 사랑하셨습니다. 자신의 아들이 20여 년 뒤에 교황이 된 그에게 어떤 굴욕을 당할 줄도 모르고서 말입니다! 인생 참 재미있지 않습니까? 흠!

이대로 변호사 그렇군요! 원고, 그 후에는 어떻게 되었습니까?

하인리히 4세 나의 아버지인 하인리히 3세는 돌아가시는 순간, 힐데브란트에게 어린 나를 부탁하며 끝까지 옆에서 나를 도와줄 것을 당부하셨다고 합니다. 하지만 이런 힐데브란트는 훗날 교황이 되어 나에게 씻을 수 없는 굴욕을 주었지요. 쓸쓸한 이야기입니다. 허허.

하인리히 4세가 삐죽거리며 피고석에 앉은 그레고리우스 7세를 바라보자 그레고리우스 7세는 굳은 표정으로 눈을 감고 시선을 돌려 버렸다. 초반부터 양측의 신경전이 매우 날카로웠다.

판사 잘 알겠습니다. 그런데 원고는 자신의 아버지인 하인리히 3세 황제가 교회의 개혁을 위해 지원을 아끼지 않았다고 하는데, 당시 교회의 모습은 어떠했나요? 개혁을 해야 할 만큼 교회에 문제가 많았나요?

김딴지 변호사 판사님, 그것은 제가 말씀드리겠습니다. 교회의 개혁을 이야기하려면 서양 중세 역사를 잘 알아야 합니다. 서양 중세의 역사는 바로 그리스도교 교회의 역사라고 보아도 되지요.

초기의 그리스도교 교회는 로마의 제도를 바탕으로 성장했어요. 그리고 교회의 관리자들, 특히 성직자인 주교들은 황제의 명령을 받고 여러 나랏일을 맡게 되었답니다. 그 대가로 주교들은 황제로부터 많은 영토를 받았고, 황제는 주교들을 보호해 주었습니다.

판사 그렇다면 그리스도교 초기에는 성직자가 세속 군주인 황제에게 소속되었다는 뜻인가요?

김딴지 변호사 구조적으로 봤을 때는 그랬습니다. 하지만 그리스도교에서는 황제를 신성하게 생각하지 않았습니다. 교황을 비롯한 성직자들이 오만하게도 황제를 무시한 것이지요! 황제는 대관식을 통해 '하느님의 특별한 은총에 의해 선택된 군주'임을 온 세상에 선

세속
세속이란 종교적인 것과는 대비되는 개념으로, 우리가 사는 일상적인 세상과 생활, 관습 등을 가리킵니다.

대관식
유럽의 왕들이 왕의 자리에 오를 때 왕관을 쓰며 왕이 되었음을 세상에 알리는 의식입니다.

포하는데도 말입니다.

이렇듯 신에 의해 선택된 군주의 정통성을 입증하는 예식을 치른 황제에게 피고를 비롯한 교황의 사람들, 즉 교회 성직자들은 교회 개혁을 들먹이며 모든 것을 성직자 자신에게 유리하게 만들려고 했습니다.

이대로 변호사　　이의 있습니다, 판사님! 김딴지 변호사는 객관적인 사실이 아니라 자신의 주장만을 계속 내세우고 있습니다!

김딴지 변호사　　흠, 대체 뭣 때문에 그렇다는 거죠?

이대로 변호사　　▶그리스도교에서 황제를 신성하게 여기지 않은 것은 사실입니다. 그러나 원고 측에서 주장하듯이 황제를 무시한 것은 결코 아니었습니다! 황제는 백성을 다스리는 권력을 갖고 있고 모두들 이것을 인정해 줍니다. 그렇지만 황제도 사람이기 때문에 하느님께만 드리는 숭배와 경외심을 똑같이 받을 수는 없습니다. 이렇게 조금만 살펴보면 이해할 만한 사실을 굳이 아니라고 우겨 대는 원고 측의 억지를 우리가 계속 들어 줘야 합니까, 판사님?

판사　　자, 모두들 진정하세요. 재판 초반부터 양측의 공방이 매우 치열하군요. 원고 측 변호인, 계속해서 변론 진행하기 바랍니다. 물론 차분하게 말이죠!

김딴지 변호사　　네, 알겠습니다. 흠흠, 다시 중세 역사 속으로 들어가 보겠습니다. 그리스도교 교회를 이해하기 위해서는 우선 두 가지 개념을 알아야 합니다. 이것은 조금

전문적인 내용이기는 하지만, 로마 교회는 모든 교회보다 우위에 있다는 로마 주교의 '수위권' 개념과 '군주사제론' 개념입니다.

판사 '수위권'과 '군주사제론' 개념이라고요? 많이 어렵군요. 쉽게 설명해 주세요.

김딴지 변호사 네. 먼저 '수위권'이란, 로마 주교인 교황만이 교회 안에서 최종적인 권한을 갖고 있다는 뜻이지요. 교황은 모든 성직자와 심지어 전체 공의회에 대해서도 가장 큰 권한을 행사할 수 있다는 것입니다.

판사 로마 교황이 언제부터 그렇게 강한 권한을 지닐 수 있었나요?

김딴지 변호사 ▶처음부터 로마의 주교가 '수위권'을 가졌던 건 아니었습니다. 초기 교회에는 총대주교좌가 다섯 개의 지역에 있었습니다. 그 다섯 지역은 로마, 안티오크, 콘스탄티노플, 예루살렘, 알렉산드리아라는 도시였지요. 그중 로마만 서유럽에 있고, 나머지 네 개는 모두 동로마 제국에 속해 있었습니다. 그런데 로마는 성 베드로와 바오로의 유골이 묻혀있는 곳입니다. 그러므로 로마 교회만이 그리스도교의 정통성을 이어 온, 다른 어떤 곳보다도 우월한 곳이라는 말이 나왔던 것이지요.

판사 로마 교회만이 가장 우월하다……. 음, 그렇다면 이번에는 '군주사제론'에 대해서 설명해 주세요.

김딴지 변호사 네. 또 다른 하나인 '군주사제론'은 9세기의 카롤링거 왕조에서 생긴 개념입니다. 군주는 사제, 즉

공의회
교황이 전 세계의 성직자들을 모두 초청하여 교회의 교리와 규율에 대해 토론하고 결정하는 회의를 말합니다.

교과서에는

▶ 로마 제국 말기의 그리스도교 5대 교구는, 7세기에 이슬람 세력이 확장되면서 로마와 콘스탄티노플 두 곳만 남게 되었습니다.

서유럽 최초의 통일 국가였던
프랑크 왕국의 두 번째 왕조로,
9세기 전후에 샤를마뉴 황제가
크게 힘을 떨쳤지요.

성직자로서의 자격도 갖고 있다는 의미입니다. 특히 샤를마뉴 황제를 보면 잘 이해할 수 있지요. 샤를마뉴 황제는 대관식을 통해 자신을 '신의 은총에 의한 군주'라고 말했거든요. 자, 여기서 샤를마뉴 황제를 증인으로 모시고 당시 정황을 직접 들어 보았으면 합니다. 판사님, 허락해 주십시오.

판사 샤를마뉴 황제를 하인리히 측의 증인으로 인정합니다.

샤를마뉴 황제가 등장한다는 소식에 방청석에 앉아 있던 사람들은 모두 깜짝 놀랐다.

"아니, 샤를마뉴 황제가 나온다고? 그 유명한 프랑크 제국의 샤를마뉴 대제가?"

"그러게 말이야! 샤를마뉴 황제는 8~9세기의 서유럽을 자기 발밑에 두었던 황제가 아냐?"

"응. '서로마 제국의 황제'라고도 불렸지. 얼마나 힘이 막강했으면 그랬겠어?"

샤를마뉴 황제는 이런 웅성거림에도 위엄 있는 모습으로 하인리히 4세의 증인으로 법정에 들어서고 있었다.

샤를마뉴 황제 나, 샤를마뉴는 서로마 제국의 황제라는 지위에 걸맞게 오직 진실만을 이야기할 것을 선서합니다.

김딴지 변호사 샤를마뉴 황제님! 아니, 증인. 하하. 이렇게 어려운 걸음을 해 주셔서 정말 감사드립니다. 증인으로 모시게 되어 정말 영광입니다. ▶증인께서는 768년부터 814년까지 프랑크 왕국의 제2대 국왕으로, 서유럽을 제패했던 분이지요. 영토뿐만 아니라 그리스도교의 수호자로서 종교적으로도 서유럽을 통일하셨습니다. 로마의 고전 문화와 그리스도교를 바탕으로 유럽의 학문과 문화를 꽃 피운 것으로 유명합니다. 그래서 후대의 사람들은 증인의 시대를 '카롤링거 르네상스'라고 부르기도 한답니다.

샤를마뉴 황제   허허, 김 변호사. 나를 너무 띄워 주는구려. 난 황제로서 당연히 해야 할 일을 했을 뿐입니다.

김딴지 변호사   그러면 증인, 당시 증인의 대관식에 대해 좀 들어 봤으면 하는데요.

샤를마뉴 황제   좋습니다. 나는 황제의 자리에 오르는 대관식을 통해 '신의 은총에 의한 군주'라고 불리게 되었습니다. 교황이 군주인 나의 머리에 **성유**를 발라 신의 은총을 전해 주었고, 황제인 나의 권위는 절정에 이르렀지요.

김딴지 변호사   대관식 때 교황이 황제의 머리에 성유를 발라 주었다고요?

샤를마뉴 황제   그렇습니다. ▶▶이것을 도유 의식이라 부르는데, 이는 군주를 다른 모든 사람들과 구별 짓게 했지요. 신에 의해 선택된 군주로서, 통치권의 정통성을 인정받는 것이기도 했습니다. 정말 자랑스럽게도 내가 이제 프랑크 제국의 신성한 정통 황제로 인정받게 된 것입니다.

성유
성스러운 예식에 사용되는 기름을 말합니다.

교과서에는

▶ 프랑크 왕국은 성장을 위해 로마 가톨릭 교회와 손을 잡았습니다. 800년에 당시 교황이던 레오 3세가 이민족의 침입으로 어려움을 겪자 프랑크 왕국의 샤를마뉴가 나서서 교황을 도와주었고, 그 보답으로 교황은 샤를마뉴를 서로마 제국의 황제로 인정하며 대관식을 열어주었지요.

▶▶ 당시 세례에 필요한 기름과 성서가 하늘에서 내려왔다는 소문이 돌았고, 후대의 프랑스 왕들은 대관식을 할 때 바로 그 기름으로 축복을 받았다고 합니다.

김딴지 변호사　　　신성한 군주……. 그렇군요. 신의 선택을 받은 황제임을 알린 것이로군요.

샤를마뉴 황제　　　맞습니다. 그런 군주가 교회의 일을 살펴보는 것은 너무나 당연한 일이 아닙니까? 새삼 강조할 것도 없군요. 신의 선택을 받은 군주로서 나는 많은 수도원을 짓고 후원하였으며 수도원이 교육적인 기능을 하도록 장려했습니다.

김딴지 변호사   네, 잘 알겠습니다. 증인 덕분에 당시 황제의 신성한 권위에 대해 잘 이해할 수 있었습니다. 증인이 즉위할 때의 시대적 상황을 잘 설명해 주셔서 감사드립니다. 이제 증인 신문을 마치고 다시 제 변론을 이어 가겠습니다.

샤를마뉴 황제가 하인의 시중을 받으며 재판정을 떠났다.

판사   그럼, 황제인 군주가 종교적 사제의 역할도 맡았다는 뜻인가요?

김딴지 변호사   네, 그렇습니다. 군주는 성직자들의 인정과 지지를 받았고, 성직 구조에 속했습니다. 이는 한 사람이 왕관과 주교관 모두를 가지고 있는 것을 말합니다. 결국, 군주가 세속 권력과 교회의 권한을 모두 가짐으로써 교회를 성장시켰다고 볼 수 있지요.

판사   초기에는 황제의 종교적인 힘이 컸다는 뜻이군요. 그런데 황제가 그렇게 강했다면 주교와 수도원장 같은 당시 사제들은 어떤 역할을 맡았나요?

김딴지 변호사   ▶황제는 외적을 막는 데 신경을 써야 했기 때문에, 귀족이며 지식인이었던 주교와 수도원장에게 세속적인 업무를 넘겨주어 행정적인 일과 다스리는 임무를 맡게 했습니다. 이제 주교직은 황제의 실질적인 대리자 역할을 하게 된 것입니다.

판사   매우 흥미로운 이야기네요. 군주가 자신을 성직자

교과서에는

▶ 로마 제국이 멸망하고 행정이 마비되었을 때, 지방의 주교와 교구 성직자들은 지방 관리의 역할을 대신하며 행정 공백을 메웠습니다.

라고 주장하면서 스스로의 신성성을 드러내려고 하던 시기가 있었다는 것은 알고 있었지만, 성직자들이 영적인 임무와 세속적인 임무를 동시에 맡았다는 사실은 새롭군요. 그리고 성직자가 원해서 그런 일을 맡은 것이 아니라, 황제의 필요에 의한 것이었다는 점이 재미있습니다.

김딴지 변호사　판사님, 하지만 그 뒤의 이야기가 더 중요합니다!

판사　네, 어떤 것이죠?

김딴지 변호사　그때 황제의 실질적인 대리자 역할을 하던 성직자들은 이후 서서히 황제보다 높은 권력을 차지하게 되었습니다. 정치적으로 혼란한 틈을 노린 것이지요. 황제의 권력이 약한 틈을 타서 성직자들이 황제의 권한까지 손아귀에 넣은 것입니다. 이것이 바로 피고 그레고리우스 7세 교황이 주장했던 교회의 개혁입니다. 이는 말만 거창할 뿐, 실상은 결국 황제의 권한을 빼앗아 간 것에 불과하지요.

이대로 변호사　이의 있습니다, 판사님! 원고 측은 억지를 부리고 있습니다. 김딴지 변호사는 교회의 개혁을 왜곡하고 있습니다! 피고 교황 그레고리우스 7세는 황제의 대리자에 불과한 성직자들과 이러한 성직자들을 정치적으로 이용하는 황제 모두에게 과감히 말했습니다. 초대 교회의 모습으로 돌아가자고 말이지요. 이는 모든 사람들이 각자 자신에게 주어진 역할에 충실하자는 뜻이었습니다.

판사　피고인 교황 그레고리우스 7세가 교회 개혁을 주장했다고요?

이대로 변호사　그렇습니다. 그레고리우스 7세는 교회 개혁을 통한 새로운 사회상을 제시했습니다. 또한 황제에게 묶여 있던 교회를 자유롭게 하기 위해서 투쟁했지요. 교황 그레고리우스 7세는 이러한 교회 개혁을 위해 평생을 바쳤습니다. 그리하여 후세의 학자들은 교황 그레고리우스 7세를 '개혁 교황'이라고 부르기도 합니다.

김딴지 변호사   판사님, 피고 측 변호인은 피고를 과대 포장하고 있습니다. 후세의 역사가들이 피고를 개혁 교황이라고 부르는 것은 사실이지만, 그것은 한쪽의 이야기만 진실로 받아들여 만들어 낸 것에 불과합니다.

이대로 변호사   존경하는 판사님, 이의 있습니다. 한쪽의 이야기만을 듣고 역사가 만들어지다니요? 원고 측 변호인의 역사 인식이 좀 의심스럽습니다! 당시 황제는 지식인인 교회의 성직자들을 자신의 통치 조직의 일부로 활용했습니다. 그 대가로 교회는 황제의 보호를 받았고, 결국 황제의 영향을 받으며 교회는 변질된 것이죠. 그리고 황제는 스스로를 신성시했기 때문에 어떤 것도 감히 황제의 권한을 막을 수 없었고요! 황제는 법률의 지배를 받지 않는 것마저 당연하게 여겼습니다. 법 위에 올라선 겁니다. 교황이 이러한 모습을 보고 황제도 교회법을 따라야 한다고 말한 것이 잘못입니까?

이대로 변호사가 숨도 쉬지 않고 말을 폭포처럼 쏟아 내자 김딴지 변호사는 잠시 움찔했다. 피고석에 앉아있던 교황 그레고리우스 7세도 자신이 의뢰한 변호사의 활약에 흐뭇한 표정이었다. 이대로 변호사는 의기양양한 표정으로 이 기세를 몰아가려는 듯 말을 이었다.

이대로 변호사   교황 그레고리우스 7세가 주장했던 개혁은 엉뚱한 것이 아닙니다. 지극히 상식적인 것입니다. 세속인인 황제의 임명으로 성직자가 선출되는 것이 아니라 교회법에 따라 교황에 의해 성직자가 선출되어야 하고, 군주나 황제라 하더라도 정의와 법률을 제대로 따를 때 비로소 진정한 군주가 된다고 주장한 것뿐입니다. 이게 그렇게도 비난받아야 할 일입니까?

김딴지 변호사   하지만 교황의 주장에는 그동안 황제가 가지고 있던 권한을 줄여야 한다는 의도도 깔려 있습니다. 이건 부인할 수 없는 사실이지요? 그러니 황제가 반발했던 것입니다! 결국 이것은 훗날의 불씨가 되었고요!

샤를마뉴 황제의 업적

샤를마뉴 황제

프랑크 왕국의 샤를마뉴(Charlemagne, 재위 기간: 768년~814년) 황제처럼 유럽 역사에 큰 영향을 끼쳤던 사람도 드뭅니다. 프랑크 왕국은 게르만 민족의 일파인 프랑크족에 의해 갈리아 지역에 세워진 왕조입니다. 샤를마뉴 황제는 로마 교황과 그리스도교에 적극적인 자세를 취하며 학문과 교육을 중요시하였고, 여러 학교를 세워 문화를 부흥시켰습니다. 그래서 '카롤링거 르네상스'라는 말이 생겨났지요.

그리하여 샤를마뉴 황제는 게르만 족, 그리스도교, 로마 문화가 융합된 새로운 서유럽 중세 문화를 열었답니다. 이를 바탕으로 서유럽이 하나의 문화권으로 통합되었지요. 즉, 현재의 유럽 문화를 이루는 여러 요소들이 샤를마뉴 황제의 프랑크 왕국에서 시작했다고 말할 수 있지요. 그래서 샤를마뉴 황제는 '유럽의 아버지'라고 불리기도 한답니다.

2 클뤼니 수도원은 어떻게
교회 개혁의 디딤돌이 되었을까?

이대로 변호사   존경하는 판사님과 배심원 여러분! 피고 교황 그레고리우스 7세는 세속 권력으로부터 교회의 자유를 얻기 위해 많은 고민을 했습니다. 그는 이미 훌륭한 모범 사례를 알고 있었어요. 바로 클뤼니 수도원에서 시작된 개혁 운동이었습니다. 교회 개혁의 초석이 된 클뤼니 수도원에 대해서 좀 더 알려 드리기 위해 제2대 수도원장을 지낸 오도 수도원장을 증인으로 모시고 싶습니다. 판사님, 오도 수도원장을 증인으로 불러 주십시오.

판사   네, 받아들입니다. 증인 오도 수도원장은 증인석으로 나와 선서해 주십시오.

판사의 허락이 떨어지자 검은 색 수도복을 입은 오도 수도원장이 재판정으로 들어왔다. 모두들 숨을 죽이고 증인을 바라보았다.

오도 수도원장   선서. 나, 오도는 신의 이름 앞에 오직 진실만을 이야기할 것을 맹세합니다.

이대로 변호사   오도 수도원장님. 이렇게 만나 뵈어서 영광입니다. 간략하게 자기소개를 부탁드립니다.

오도 수도원장   나는 클뤼니 수도원의 제2대 수도원장직을 맡았었습니다. 우리 수도원은 깊은 신앙심을 바탕으로 엄격한 수도 생활을 하는 것으로 유명합니다. 당시에는 많은 무리의 수도자들이 있었습니다. 그러나 10세기가 되자 6세기부터 이어져 내려온 베네딕트 수도원의 엄격한 전통이 무너지고 대부분의 수도원은 원래 수도원이 추구하던 이상에서 멀어지게 되었습니다.

이대로 변호사   왜 그랬던 거죠?

오도 수도원장   이것에 대한 원인으로는 수도원의 세속화를 들 수 있습니다. 수도원은 귀족의 땅을 기부받아 세워졌습니다. 그러니 귀족은 수도원에 대한 권리를 주장했지요.

이대로 변호사   귀족들이 수도원에 대해 일종의 권한을 누리려고 했다는 건가요?

오도 수도원장   그렇습니다. ▶그중 하나가 수도원장 임명에 관한 것이었죠. 설립자가 자신의 마음에 드는 인물을 수도원장에 임명하여 수도원을 마음대로 쥐락펴락하려는 것이었습니다. 그렇게 임명된 수도원장 가운데는 결혼을

교과서에는

▶ 교회의 권력과 부가 늘어나면서 교회는 점차 세속화되어 성직 매매를 비롯한 부패와 타락이 생겨났지요. 이에 10세기에는 클뤼니 수도원을 중심으로 교회를 정화하려는 개혁 운동이 일어났습니다.

보속
그리스도교에서 죄로 인한 나쁜 결과를 보상해 주는 일을 뜻합니다.

한 세속인도 포함되어 있었습니다. 이들은 수도원장의 역할을 수행하기 위해 수도원에 들어올 때, 가족은 물론 하인까지 데리고 들어오기도 했습니다. 이들이 바로 수도원을 세속화시키는 주범이었지요.

이대로 변호사　아, 그랬군요!

오도 수도원장　또한 수도원은 지속적으로 귀족들로부터 토지를 비롯한 물질적인 기부를 받았습니다. 이에 보답하기 위해 수도승들은 기부자인 귀족과 그들의 가족, 영지에 살고 있는 사람들, 그리고 그들의 조상을 위해 기도해 주었습니다. 그리고 그들은 그 기도로 자신의 죄가 덜어졌을 거라고 믿었어요. 물질을 주고 그 대가로 기도와 희생, **보속**을 해주는 관계가 맺어진 것이지요. 이는 문제될 것이 없습니다. 문제는 부적합한 인물이 수도원장에 임명되는 것이지요.

이대로 변호사　그래서 클뤼니 수도원이 이를 개혁하려고 한 거군요.

오도 수도원장　그렇지요. 우리 클뤼니 수도원이 개혁 수도원으로 발전할 수 있었던 것은 세속 권력으로부터 자유를 얻었기 때문입니다. 이는 우리 수도원을 창립하신 윌리엄 아뀌텐느 공작께서 우리 수도원에 모든 자율권을 승인해 주셨기 때문에 가능한 일이었습니다. 그리하여 1대 수도원장이셨던 베르노 원장님은 돌아가실 때 수도승들에게 다음 수도원장을 스스로 선출할 것을 요청하셨습니다. 그래서 클뤼니 수도원은 수도원 밖의 귀족이 아니라, 수도원의 구성원인 수도승들이 직접 수도원장을 선출하게 된 것입니다.

이대로 변호사　오늘날에는 당연한 일이 되었지만, 당시에 이것은

프랑스 부르고뉴 지방의 클뤼니 수도원(Cluny Abbey)

커다란 변화이며 획기적인 사건이었겠군요.

오도 수도원장 맞습니다. 이를 통해 수도원에 대한 외부 귀족의 영향력이 많이 줄어들었고, 수도원장의 취임에 관련된 여러 정치적인 문제를 피해 나갈 수 있게 된 것이지요. 귀족이나 군주권이 끼어들 여지를 없앤 것입니다.

이대로 변호사 네, 그렇군요. 피고 교황 그레고리우스 7세는 바로 이 점에 주목했습니다. 교회의 성직자를 군주, 혹은 세속인이 뽑는 것이 아니라, 교회법에 따라 교회에서 선출해야 한다고 주장하며 말이지요. 이는 바로 교회 문제를 교회 내에서 자율적으로 해결해야 한다는 원리였을 것입니다. 교황 그레고리우스 7세는 클뤼니 수도원에서 교회 개혁의 모범 사례를 보았던 것입니다.

오도 수도원장 네. 그리고 우리 클뤼니 수도원은 사법권을 행사하기 위해 외부의 대리인이 수도원으로 들어오는 것도 금지했습니다. 우리는 공공 법정을 세워 스스로 내부를 정비했거든요.

이대로 변호사 증인, 자세한 설명 감사합니다. 제가 정리해 보겠습니다. 이후 '클뤼니 제국'이라는 말이 나올 정도로 교회 개혁은 전 유럽에 퍼져나갔고, 이 뜻을 따르는 수도원이 수백 개 이상으로 늘어났습니다.

교황 그레고리우스 7세는 여기에서 영감을 얻어 교회 개혁 운동을 이끌었을 것입니다. 이것으로 증인에 대한 질문을 마치겠습니다.

판사 그럼 증인인 오도 수도원장은 내려가도 괜찮습니다.

오도 수도원장이 방청석으로 내려가자, 여기저기서 웅성거리는 소리가 들렸다.

"참, 대단하네. 한 수도원이 저렇게 큰 힘을 발휘할 수가 있나? 군주나 귀족들도 꼼짝 못 했네."

"당연하지. 그 시대에는 교회의 힘이 강했잖아."

"교회의 힘이 강해도 그렇지, 황제와 영주들이 그 수도원을 간섭할 수가 없었다니 나는 그것이 놀라워."

"그런데 들어 보니까 제후도 나오고 영주도 나오던데, 제후는 무엇이고, 영주는 뭐야? 서로 다른 거야?"

"영주나 제후는 쉽게 말해 양반이라고나 할까? 봉건 시대에 일정한 영토를 가지고 그 영토 안에 살고 있는 백성을 지배하는 권력을 가졌던 사람을 이야기한다네. 한마디로 귀족이라고 하면 쉬울까?"

"우와, 정말 똑똑하네."

판사 자, 여러분. 조용히 해 주십시오. 지금껏 교회 개혁의 선봉에 섰던 클뤼니 수도원에 대해 살펴봤습니다. 그런데 성직자 말고 그당시 황제나 영주들, 즉 세속의 권력에 있었던 사람들은 교회의 개혁 운동을 어떻게 바라보았는지 궁금합니다.

이대로 변호사　　　판사님, 세속 권력자 중에 교회의 개혁을 적극적으로 지지했던 황제가 있습니다. 원고의 아버지이기도 합니다. 하인리히 3세 황제를 증인으로 불러 주십시오.

　　갑작스런 원고 아버지의 등장에 방청객들은 모두 깜짝 놀랐다. 하인리히 4세도 당황한 표정이었다. 더군다나 자신의 아버지가 교황의 증인으로 나온다니! 하인리히 4세와 김딴지 변호사는 긴장한 모습으로 하인리히 3세가 들어오는 모습을 지켜보았다.

어떤 사람들이
교회 개혁을 이끌었을까?

판사　증인은 증인석으로 나와 선서해 주십시오.

하인리히 3세　선서. 나 하인리히 3세는 진실만을 말할 것을 맹세합니다.

　이대로 변호사는 황제 하인리히 3세에게 가볍게 목례를 하고 질문을 했다.

이대로 변호사　이렇게 만나 뵙게 되어서 정말 반갑습니다. 간략하게 자기소개를 해 주시겠습니까?

하인리히 3세　나는 일을 이렇게 크게 만든 저기 원고 하인리히 4세의 아비 되는 하인리히 3세입니다. 으이그, 부모의 공도 모르는

놈. 얘, 하인리히 4세야. 너는 자식을 어떻게 키웠기에 자식에게 그
리도 처참히 살해당했단 말이냐? 내가 하늘나라에서 그 모습을 보
며 얼마나 기가 막히고 가슴이 아팠는지 아니? 우리 황제 가문에 그
런 불미스러운 일이 일어난 것이 정말 한스럽고 네가 불쌍하기도 하
지만, 자식을 제대로 키우지 못한 너를 도저히 용서할 수 없구나. 그
래서 내가 자진해서 교황 그레고리우스 7세 편의 증인으로 나오게
되었다. 이놈, 불쌍한 내 아들아!

이대로 변호사　　　저…… 증인, 화가 나는 것은 잘 알겠습니다. 그래
도 지금 여기는 신성한 법정입니다. 조금 진정해 주시기 바랍니다.

하인리히 3세　　　아, 미안합니다. 내 아들 녀석을 보니 그만 이성을
잃었군요. 아까 무엇을 질문하셨지요? 너무 흥분해서 그만…….

　　왜 하인리히 4세는 카노사에서 굴욕을 당했을까?

이대로 변호사　네, 괜찮습니다. 자기소개를 부탁드렸습니다.

하인리히 3세　나는 신성 로마 제국의 황제였던 하인리히 3세입니다. 나는 부모님으로부터 철저하게 황실 교육과 신앙 교육을 받았습니다. 어머니는 신앙심이 두터운 분이셨지요. 그래서 내가 그레고리우스 7세 교황을 더 잘 이해할 수 있었던 거라고 생각합니다.

이대로 변호사　증인, 증인은 황제일 때 어떤 일을 하셨습니까?

하인리히 3세　나는 신성 로마 제국의 황제권을 강하게 키우고 싶었습니다. 그리하여 샤를마뉴 시대 같은 신성한 정치권을 다시 세우고 싶었습니다. 샤를마뉴 시대에는 통치자를 신의 대리인이라고 생각했어요. 그래서 나는 성직자가 좀 더 도덕적인 생활을 했으면 하는 마음에, 성직 매매 금지를 주장했지요. 이런 까닭에 나는 교회 개혁 운동을 지원했습니다.

이대로 변호사　네. 성직 매매를 금지했다고 하셨는데, 그 당시 성직을 사고파는 일이 많았습니까?

하인리히 3세　네. 놀랍겠지만 아주 흔한 일이었습니다. 성직 매매는 내가 황제로 있었던 시기에만 일어난 일이 아닙니다. 고대 말기부터 있었던 일이지요. 교회는 계속해서 이를 없애려고 했지만, 쉽게 사라지지 않았습니다.

이대로 변호사　증인은 다른 황제들과는 달리 교회의 개혁을 지지하는 황제였습니다. 그런데 이렇게 되면 오히려 성직자들에게 힘을

성직 매매
성직, 즉 교회의 직책을 사고파는 행위를 말합니다.

보태 주는 것이 아닌가요?

하인리히 3세　하하. 내가 교회 개혁을 지지했던 건 사실입니다. 그러나 솔직히 말해 나는 교회 개혁을 지지한다기보다는 오히려 황제권을 강화하는 데 주력한 사람이었지요. 강한 황제권을 위해서는 교회의 제도 개혁이 필요하다고 여겼을 뿐입니다. 왜냐하면 당시 성직자 중에는 고위 관리로 일하는 사람이 많았기 때문에 교회 개혁은 필수적인 일이었기 때문입니다.

이대로 변호사　그렇군요. 증인인 하인리히 3세의 진술을 통해 이 사건의 핵심인 '카노사의 굴욕' 사건이 일어나기 전, 교회의 문제점에 대해 잘 알 수 있었습니다. 또한 세속 군주인 황제가 자신의 권력을 키우기 위해 교회를 개혁하려 했다는 상황도 알 수 있었고요.

김딴지 변호사　판사님. 피고 측 증인인 하인리히 3세에게 저도 질문할 것이 있습니다.

판사　네, 원고 측 변호인의 신청을 받아들입니다.

김딴지 변호사　감사합니다. 그럼 증인께 묻겠습니다. 증인이 교회 개혁을 위해 애쓰셨다니, 다른 황제들과는 다른 일을 하신 것 같은데요. 증인은 고위 성직자를 직접 임명하고 또 두 명의 교황을 폐위시킨 일도 있었지요?

하인리히 3세　네, 그렇습니다. 내가 그렇게도 싫어했던 성직 매매가 발생했기 때문에 실베스터 3세 교황과 그 뒤를 이은 그레고리우스 6세 교황을 폐위했습니다. 뭐, 문제 있습니까?

김딴지 변호사　증인은 그레고리우스 6세 교황을 폐위시키신 뒤 새 교황을 선출할 때 <u>시노드</u>를 열고 이를 통해 뽑았습니까? 아니면 황제께서 직접 임명했습니까?

하인리히 3세   내가 직접 교황을 새로 임명했습니다.

김딴지 변호사   너무 쉽게 인정하시는군요! 증인은 왜 그때 시노드를 통해 교황을 임명하지 않았습니까? 시노드를 열 필요가 없었던 것입니까, 아니면 성직자의 임명은 황제의 권한이라고 생각했기 때문에 직접 임명한 것입니까?

하인리히 3세   아, 그것은…… 당시에는 교황 선출을 위해 꼭 시노드를 열 필요가 없었기 때문입니다. ▶교황 선출을 위해 추기경단을 구성하는 제도는 나중에야 만들어진 것입니다. 당시에는 당연히 황제인 내가 교황을 선출도 하고 폐위도 했지요.

김딴지 변호사   그런 일을 하셨던 분이 어찌 아들이 교황에게 폐위되고 파문당하는 것을 받아들일 수 있었습니까? 더욱이 어떻게 그 일로 열린 재판에서 아들 편이 아닌 교황 편을 위해 나오실 수 있습니까? 물론 아들을 용서하기 어렵다는 것은 이해합니다. 하지만 교황권과 황제권의 성격에 관해 다루고 있는 법정에서 교황 편의 증인으로 자진해 나섰다는 것은 황제권을 포기한다고 선언하는 것이 아니겠습니까? 이상입니다.

김딴지 변호사는 회심의 미소를 짓고 이대로 변호사를 쳐다보았다. 이번에는 이대로 변호사의 얼굴이 잿빛으로 변하고 있었다.

시노드
회의(assembly)라는 의미를 지닌 '시노도스(synodos)'에서 유래한 말로, 여러 주교들이 교리와 규율에 관한 문제를 논의하기 위해 모이던 공식적인 종교 회의입니다.

▶ 당시 교회 개혁을 하면서 교황은 황제로부터 성직자 서임권을 가져왔습니다. 가톨릭 교회는 이때 확립된 성직자 독신주의 원칙과 추기경단에서 교황을 선출하는 제도를 아직까지 유지하고 있답니다.

양측 변호인의 신문이 끝났으니 증인은 내려가도 좋습니다.

특사
특별한 임무를 위해 파견되는 사람입니다.

이대로 변호사 존경하는 판사님! 이번에는 황제 하인리히 3세와 같은 시대에 교회를 개혁하려고 애썼던 여러 성직자들 가운데 다른 한 분을 증인으로 모시고 싶습니다. 바로 훔베르트 추기경입니다. 허락해 주십시오.

판사 좋습니다. 증인은 증인석에 나와서 선서를 해 주십시오.

훔베르트 추기경 선서. 나는 이 법정에서 오직 진실만을 말할 것을 선서합니다.

이대로 변호사 증인, 나와 주셔서 감사합니다. 간략하게 자기소개를 부탁드립니다.

훔베르트 추기경 나는 베네딕트 수도원 소속의 사제입니다. 여러 교황님을 모시면서 중요한 일들을 맡았고, 많은 논문도 썼습니다. 그리고 지금 생각해도 정말 가슴 아픈 일에 관련되기도 했지요. ▶나는 우리 로마 교회의 **특사**로 동방 교회에 파견되어 두 교회 사이에 있는 여러 차이점을 토론하고 해소하려 했던 적이 있습니다. 하지만 1054년 두 교회는 결국 분리되었지요. 이는 오늘날까지 이어져 내려오고 있습니다. 교회 역사에서 있어서는 안 되는 일이 발생한 것입니다.

교과서에는

▶ 8세기 초, 동로마 제국이 성상 숭배 금지령을 내리자 동로마와 서로마 교회는 날카롭게 대립했습니다. 결국 1054년, 서로마 교회는 가톨릭교, 동로마의 콘스탄티노플 교회는 그리스 정교로 발전하게 되었지요.

이대로 변호사 동서 교회가 분리된 것은 정말 마음 아픈 일입니다. 저도 유감을 표명하고 싶습니다. 그런데 증인은 그리스어와 라틴어에도 능통하고, 또 많은 논문을 쓴 것으

로 알고 있습니다. 논문 중에 성직 매매를 강도 높게 비판한 것도 있었는데요.

훔베르트 추기경   그렇습니다. 나는 무조건 성직 매매를 반대합니다! 절대 있어서는 안 되는 일이지요. 살 것이 없어서 성직을 산단 말입니까? 이것은 죄악입니다. 돈을 주고 산 성직은 모두가 무효입니다. 그것이 어떻게 합당한 일이 될 수 있습니까? 성직은 신성한 것입니다. 돈 몇 푼을 주고 사서, 다시 돈 몇 푼을 얹어서 되팔 수 있는 것이 아니란 말입니다.

이대로 변호사   네, 맞습니다. 저도 그렇게 생각합니다. 그러면 증인은 세속 권력과 교회의 관계를 어떻게 보십니까? 황제 같은 세속의 권력자가 교회를 보호해야 한다고 생각하십니까?

훔베르트 추기경   음, 어려운 질문이군요. 내 생각은 이렇습니다. 세속 권력의 유일한 존재 이유는 일상생활에서 일어나는 여러 범죄를 법적으로 강하게 다스리는 데 있습니다. 세속 군주는 자신에게 주어진 이 같은 역할을 잘 해내서 그리스도교 사회를 지켜야 하는 거죠. 그러므로 세속 군주는 성직자에게 충성을 다해야 한다고 봅니다.

판사   양측 변호인은 다른 질문이 있습니까?

김딴지 변호사   없습니다.

이대로 변호사   저도 없습니다.

판사   양측 변호인의 다른 질문이 없으니 오늘 재판은 이쯤에서 정리하겠습니다. 재판 첫날인 오늘은 서양 중세 시대의 그리스도교 역사에 대해 간략히 살펴보며, 세속 군주인 황제와 영적 군주라 할 수 있는 교황이 왜 대립할 수밖에 없었는지에 초점을 맞추고 여러 진술을 들어 보았습니다. 시간이 흐르며 교회가 처음의 모습을 잃고 변질되자 황제와 교황이 어떻게 각각 이를 개혁하려 했는지를 짚어 보았고요. 두 사람은 뜻을 같이 한 부분도 있었지만, 성직자 임명권에 대해서는 의견 차이가 매우 컸군요. 이번 재판에서 살펴본 내용은 다음 주에 열릴 두 번째 재판에서 중요한 근거가 될 것입니다. 그럼 첫 번째 재판은 이것으로 마치겠습니다.

땅, 땅, 땅!

   왜 하인리히 4세는 카노사에서 굴욕을 당했을까?

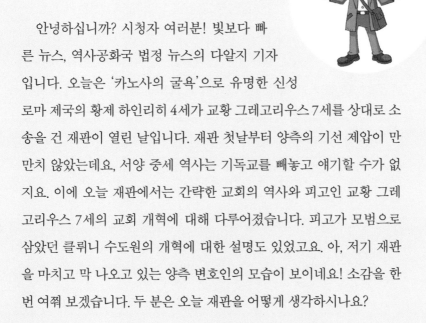

다알지 기자

안녕하십니까? 시청자 여러분! 빛보다 빠른 뉴스, 역사공화국 법정 뉴스의 다알지 기자입니다. 오늘은 '카노사의 굴욕'으로 유명한 신성 로마 제국의 황제 하인리히 4세가 교황 그레고리우스 7세를 상대로 소송을 건 재판이 열린 날입니다. 재판 첫날부터 양측의 기선 제압이 만만치 않았는데요, 서양 중세 역사는 기독교를 빼놓고 얘기할 수가 없지요. 이에 오늘 재판에서는 간략한 교회의 역사와 피고인 교황 그레고리우스 7세의 교회 개혁에 대해 다루어졌습니다. 피고가 모범으로 삼았던 클뤼니 수도원의 개혁에 대한 설명도 있었고요. 아, 저기 재판을 마치고 막 나오고 있는 양측 변호인의 모습이 보이네요! 소감을 한번 여쭤 보겠습니다. 두 분은 오늘 재판을 어떻게 생각하시나요?

김딴지 변호사

아, 처음에는 내가 말려드는 것처럼 보였을 겁니다. 사실 오늘 내용은 교회 개혁의 초기 부분에 해당하는 것이었죠. 클뤼니 수도원의 개혁이 언급됐는데, 교회든 세상이든 개혁이 필요한 곳에서는 개혁이 일어나야겠지요. 하지만 그 사건이 일어난 시기는 바로 11세기입니다. 당시에는 당연히 황제가 교회를 움직여야 한다고 생각했습니다. 신성한 군주가 있는데 교회가 어찌 독립할 수 있겠습니까? 이번 사건은 교황이 황제 위에 군림하려는 것입니다. 이것이 말이 된다고 생각하십니까? 아니, 한 나라를 다스리는 황제가 있고 그 아래에 종교가 있는 것이 당연하거늘 교황이 황제보다 위에 있다고 우기니, 나 원 참!

왜 하인리히 4세는 카노사에서 굴욕을 당했을까?

이대로 변호사

　오늘 재판은 아주 흐뭇했습니다. 교회가
교회 본연의 모습과 신성함을 지키기 위해 얼
마나 노력했는지 모두들 잘 보셨지요? 세속 군주인
황제의 영향력이 미칠 때, 교회는 변질되었습니다. 피고, 그레고리우
스 7세 교황은 '개혁 교황'이라 불릴 만큼 교회 개혁에 앞장선 분이었
지요. 그런데 고소를 당하다니요? 말도 안 됩니다. 그레고리우스 7세
는 당시 획기적이었던 '클뤼니 수도원의 개혁'을 모범으로 삼아 교회
의 세속화를 막기 위해 그 누구보다 힘쓰셨습니다. 신성 로마 제국의
황제였던 하인리히 4세는 그때 교황에게 무릎 꿇었던 것이 역사공화
국 영혼이 되어서까지 억울한 모양인데, 뭐 어쩌겠습니까? 황제가 권
력을 탐내다 결국 교황에게 굴복했다는 사실이 앞으로의 재판에서 모
두 밝혀질 텐데요. 계속 지켜봐 주시지요. 하하.

황제 하인리히 4세는
왜 교황에게 파문당했을까?

1. 황제와 교황은 왜 서로를 내쫓으려 했을까?
2. 교황이 발표한 교회 개혁안은 어떤 내용이었을까?
3. 황제는 왜 카노사에서 교황에게 빌었을까?

황제와 교황은 왜 서로를
내쫓으려 했을까?

하인리히 4세와 그레고리우스 7세의 재판 둘째 날! 황제와 교황의 날카로운 신경전으로 유명한 '카노사의 굴욕' 사건이 역사공화국 세계사법정에서 이제 본격적으로 다뤄진다는 소문을 듣고 전보다 많은 사람들과 취재진이 몰려들었다. 원고 측인 하인리히 4세 황제와 김딴지 변호사는 더욱더 비장한 표정으로 재판정에 들어섰다. 하인리히 4세는 생전의 굴욕이 아직도 잊히지 않는다는 듯, 그레고리우스 7세에게는 눈길도 주지 않았다.

판사 자, 이제 두 번째 재판을 시작하겠습니다. 오늘은 왜 하인리히 4세 황제가 교황으로부터 폐위와 파문을 당했는지에 대해 알아보겠습니다. 원고 측부터 변론을 시작하겠습니까?

김딴지 변호사   존경하는 판사님, 원고 하인리히 4세가 유례없이 교회로부터 두 번이나 폐위와 파문을 당하게 된 이유를 알기 위해서는 먼저 피고인 교황 그레고리우스 7세와 원고인 황제 하인리히 4세 사이에 어떤 일들이 있었는지 살펴봐야 합니다.

판사   네, 좋습니다. 천천히 말해 보세요.

김딴지 변호사   교황 그레고리우스 7세와 황제 하인리히 4세가 처음부터 사이가 나빴던 것은 아닙니다. 오히려 원고는 피고를 아버지 같이 따랐을 것입니다. 왜냐하면 저번 재판에서 언급되었듯이, 부친인 하인리히 3세의 갑작스러운 죽음으로 하인리히 4세는 여섯 살이라는 어린 나이에 왕위에 오르게 되었고, 아버지 하인리히 3세는 훗날 교황이 되는 힐데브란트에게 어린 하인리히를 잘 지켜 달라고 부탁했기 때문입니다. 피고는 아버지와 친한 분이었기에 어린 하인리히도 잘 따랐을 것으로 생각됩니다.

판사   원고의 아버지가 피고에게 원고를 부탁했다는 게 참 놀랍고 신기합니다. 훗날 이렇게 될 줄도 모르고…….

김딴지 변호사   그렇죠. 그런데 갑작스러운 황제의 죽음과 그로 인해 어린 아이가 황제의 자리에 오르게 된 이 상황. 어찌될지 예상이 되지 않으십니까? 여기저기서 귀족들이 들고 일어났습니다. 황제는 정치 경험이 전혀 없는 어린 여섯 살 아이인데다 그 어머니인 아그네스 황후는 프랑스 출신이라서, 제국의 궁정 내에서 자신을 지지해 줄 세력을 찾기가 어려웠습니다. 귀족들은 '이때다, 옳다구나! 드디어 우리에게도 때가 왔다' 생각하고는 한번 권력을 잡아 보자는 계

산으로 덤비기 시작하였습니다. 마치 며칠을 굶어 배가 고픈 사자 앞에 먹잇감이 보인 것이라고 할까요?

이대로 변호사　판사님, 이의 있습니다! 김딴지 변호사는 귀족과 영주들을 동물들의 아귀다툼으로 몰아가고 있습니다.

판사　인정합니다. 김딴지 변호사는 말을 좀 가려서 해 주세요.

김딴지 변호사　아, 네, 알겠습니다. 제가 좀 흥분을 해서요. 하하. 아무튼 그때 어린 황제를 대신하여 황후가 나라를 다스리기 시작했습니다. 이런 걸 섭정이라고 하죠. 하지만 처음부터 일이 잘 풀리지 않았습니다. 별다른 정치 경험 없이 혼자의 힘으로 모든 문제들

　왜 하인리히 4세는 카노사에서 굴욕을 당했을까?

을 결정해야 했던 황후는 결국 여러 귀족들의 손에 휘둘렸지요. 이것은 어린 하인리히에게도 좋지 않은 영향을 주게 되었고요. 황제는 이제 궁정에서 아무도 믿을 수 없게 된 것입니다.

판사 그리고 또 다른 문제가 있었나요?

김딴지 변호사 이후 황후 아그네스는 결정적인 실수를 하게 됩니다. 교회 개혁에 반대하는 사람들과 가까이하며, 교회가 스스로 선출한 교황을 인정하지 못하겠다고 주장한 것이지요. 그리고는 자신의 편에 설 수 있는 교황을 내세웠습니다.

판사 그럼 교황을 두 명이나 만든 셈이었나요?

김딴지 변호사 그렇습니다. 귀족들은 정치적인 공백이라 할 수 있는 이 혼란한 틈을 타서 자신들의 탐욕을 채우느라 바빴고, 교회는 두 명의 교황이 서로 자신이 정통한 교황이라며 우기는 통에 완전히 아수라장이었습니다. 이때 쾰른의 안노 대주교는 이 혼란을 없애기 위해 중대한 모험을 합니다. 소년으로 자란 하인리히를 인질로 삼아 아그네스 황후가 정치에서 손을 떼게 하려는 것이었지요. 1062년에 궁중 회의가 열렸을 때, 안노 대주교는 하인리히를 인질로 삼고 황후 아그네스를 압박하여 결국 물러나게 했습니다.

이대로 변호사 판사님, 언제까지 하인리히 4세의 어린 시절을 계속 들어야 합니까?

판사 이는 본 사건의 배경 지식을 제공해 주는 중요한 진술입니다. 김딴지 변호사 계속하십시오.

대주교
가톨릭 교회는 교황, 대주교, 주교, 교구 사제들로 이루어져 있습니다. 대주교는 서열상의 직급이라기보다는 넓은 교구, 즉 대교구를 관할하는 행정상의 직무라 할 수 있습니다.

김딴지 변호사   감사합니다. 여기서 하인리히 4세에게 직접 질문하고 싶습니다.

판사   받아들입니다. 계속 진행해 주세요.

김딴지 변호사   원고, 앞에서 제가 원고의 어린 시절에 대해 이야기를 했습니다. 들으셨지요? 혹시 사실과 다른 부분이 있었나요?

하인리히 4세   네. 잘 들었습니다. 나의 어린 시절을 나보다 더 잘 알고 계시는군요. 김딴지 변호사의 준비성이 놀랍습니다.

김딴지 변호사   하하. 당연한 걸요. 그런데 원고, 원고께서는 갑작스러운 아버지의 죽음으로 불과 여섯 살의 나이에 왕이 되었고 너무 어렸기 때문에 원고를 대신하여 어머니가 나라를 다스리는 것을 보았습니다. 그리고 인질로 잡혀 있기도 했고요. 그러면서 무엇을 느꼈나요?

하인리히 4세   내가 너무 어렸고 힘이 약했기 때문에 그때 나는 모든 것을 잃었습니다. 내가 할 수 있는 일은 아무것도 없었지요. 그래서 나는 생각했습니다. 귀족들도 교회의 성직자들도 다 똑같구나. 황제가 힘이 약하니까 서로 내 자리를 넘보는구나. 강한 황제만이 모든 불안 요소들을 가라앉힐 수 있겠구나, 하고 말이지요. 그래서 나는 한 가지만을 생각했습니다. 어서 힘을 키우자. 그래서 황제의 자리를 넘보는 자들을 무릎 꿇게 하리라!

그때의 감정이 되살아나는 듯 하인리히 4세는 두 주먹을 꼭 쥐었다.

김딴지 변호사　자, 원고, 마음을 진정하십시오. 조금 진정이 되셨습니까? 괜찮다면 계속 질문을 하겠습니다.

하인리히 4세　네. 괜찮습니다.

김딴지 변호사　황제의 기반이 너무도 약했던 때, 원고는 작센 전쟁의 승리로 상황을 바꾸어 놓았습니다. 원고는 압도적인 승리를 거두어 작센 지방의 사람들을 굴복시킴으로써 강한 황제임을 드러내었지요. 원고께서 직접 작센 전쟁에 대해 설명을 해 주시기 바랍니다.

하인리히 4세　작센 전쟁은 1073년에 시작하여 1075년에 끝났습니다. 나는 작센 지방에 정치적인 기반이 거의 없었습니다. 그랬기 때문에 대부분의 귀족들은 나에게 적대적이었어요. 그런데 1073년 7월, 작센인들이 반란을 일으킨 사건이 있었습니다. 내가 국경 인근 지역에 힘을 뻗어 나가자, 이들은 자신들의 자유가 침해당할까 봐 두려움에 떨었지요.

　그러다가 1074년 3월 말, 작센 농민들은 자신들의 손으로 건물을 파괴하고 교회를 약탈하였으며, 그곳 성당에 모셔져 있는 제대와 성골함을 모독하였습니다. 그리고 무엇보다도 내가 참을 수 없었던 것은 내 아들과 동생의 묘를 파헤치는 반인륜적인 행동도 서슴지 않았다는 것입니다. 이러한 신성 모독의 행위는 그들의 편이었던 귀족들마저도 등을 돌리게 했습니다. 그래서 작센의 지도자들은 이 반란에서 손을 떼게 되었고, 나에게 공감하는 여론이 모든 독일 지역으로 확산되어 갔습니다. 그러면서 나의 지지도가 올라갔지요.

> **작센 지방**
> 독일의 동부 지역에 있는 주(州)로 드레스덴, 라이프치히라는 도시가 있습니다. 체코, 폴란드와 국경이 맞닿은 곳이지요.

김딴지 변호사   그래서 원고는 이후 어떻게 하셨습니까?

하인리히 4세   나는 이 여세를 몰아 1075년 6월 9일 군대를 소집하여 홈브르크라는 지역에서 유혈전을 벌인 끝에 큰 승리를 거두었습니다. 그해 10월 말쯤, 작센의 지도자들에게 무조건적인 항복을 받아 내었지요. 아, 나에게는 평생에 걸쳐 잊지 못할 자랑스러운 순간이었답니다. 내가 카노사에서 저 교황 그레고리우스 7세에게 당했던 것처럼 항상 굴욕적인 삶을 살았던 건 아니었다고요!

   하인리히 4세가 감격에 젖은 표정으로 말을 마치자 피고 측 이대로 변호사가 자리에서 일어났다.

이대로 변호사   원고 하인리히 4세가 전쟁에서 승리를 거두셨다니 축하드립니다. 이 작센 전쟁이 원고에게는 크나큰 영광이며 황제의 지지 세력이 커지는 계기가 되었다지요? 그런데 교회와의 관계는 어땠습니까? 혹시 교회 안에서도 이 전쟁의 승리 이후 원고를 지지하는 성직자 세력이 생겼나요?

하인리히 4세   아니오. 그 당시의 교회 성직자들은 내가 하는 일에 사사건건 반대를 했지요.

이대로 변호사   그 이유는 제가 말씀드리죠. 원고는 작센 전쟁 전에 피고인 교황과 합의했던 협정이 있었습니다. 하지만 원고는 전쟁에서 이기자 이를 지키지 않았지요. 그렇지 않습니까?

하인리히 4세   내가 교황과 합의했던 협정을 어겼다고요? 아닙니다! 나는 그런 적이 없습니다. 피고 측 변호사는 감히 황제였던 나를 모함하고 있군요! 상황을 똑바로 알고 있기나 합니까? 내가 임명한 대주교를 교황인 그레고리우스 7세가 인정하지 않았기 때문에 나는 교회와 맺은 어떠한 협약도 지킬 수가 없었던 것뿐입니다.

이대로 변호사   원고가 임명한 대주교를 피고인 그레고리우스 7세 교황이 인정하지 않은 것이 아니라, 이미 임명된 대주교가 있는데도 이를 무시하고 마음대로 다른 사람을 임명했던 것 아닙니까? 판사님! 제가 나름대로 조사한 내용이 따로 있습니다. 이것을 좀 더 설명할 수 있게 허락해 주십시오.

판사   네, 받아들입니다.

이대로 변호사   감사합니다. 제가 준비한 자료에 따르면, 당시 이탈리아 밀라노에는 대주교직의 자리가 비어 있었습니다. 그때 밀라노 사람들은 고대 교회법의 전통에 따라 자신들이 직접 대주교를 자유롭게 선출할 수 있기를 바랐습니다. 그리하여 1072년, 그러니까 피고 그레고리우스 7세가 교황이 되기 직전에 교황이었던 **알렉산더 2세**는 아토라는 인물을 대주교로 임명했지요. 그러나 아토의 경쟁자이자 원고 하인리히 4세의 지지를 받았던 고드프레이가 밀라노의 대주교로 임명되었습니다. 바로 원고에 의해서 말입니다!

판사   원고 하인리히 4세가 마음대로 대주교를 임명했다는 뜻인가요? 이에 대해 당시 교황이었던 알렉산더 2세는 어떤 반응을 보였습니까?

이때 지금까지 가만히 재판을 지켜보던 그레고리우스 7세가 조용히 말문을 열었다.

그레고리우스 7세　　그건 내가 대신 설명하지요. 나의 전임 교황이었던 알렉산더 2세는 우리 교회 측에서 정한 대주교가 있는데도 불구하고, 하인리히 4세가 마음대로 고드프레이를 대주교로 임명했다는 소식을 듣자 화가 머리끝까지 뻗쳤답니다. 안 그렇겠습니까? 그래서 교황 알렉산더 2세는 1073년 시노드에서 고드프레이를 파문했습니다.

이대로 변호사　　그럼 다시 원고에게 묻겠습니다. 원고! 원고가 직접 고드프레이를 대주교로 임명한 것이 맞습니까?

하인리히 4세　　글쎄요? 기억이 잘 나지 않는군요. 너무 오래전 일이라서……

이대로 변호사　　원고, 좀 더 성실하게 답변해 줄 수는 없습니까?

김딴지 변호사　　판사님, 피고 측 변호인은 원고를 압박하고 있습니다.

판사　　기각합니다. 원고는 피고 측 변호인의 말대로 좀 더 성실하게 답변해 주기를 바랍니다.

그레고리우스 7세　　원고가 기억이 잘 나지 않으시니 내가 좀 더 설명해 드려야겠습니다. 1073년 4월 22일에 나는 교황으로 선출되었습니다. 나는 교황이 된 이후에 낡은 관습들을 개혁하고자 했지요.

이대로 변호사　　구체적으로 어떤 것들이었죠?

그레고리우스 7세　　첫째, 성직자들이 독신 생활을 하도록 강력하게

서임
어떠한 직책을 내리고 임명하는 것을 서임이라 합니다.

가신
높은 지위에 있는 권력자에게 속하여 그 사람의 개인적인 일까지도 처리해 주는 신하를 의미합니다.

주장했습니다. 둘째, 성직자들의 성직 매매를 금지했습니다. 셋째, 성직자 서임을 세속인, 즉 황제가 하는 것을 강하게 반대했습니다. 나는 전통 교회법에 따라 교회에서 성직자를 직접 임명해야 한다고 생각했고, 이 부분을 제일 중요하게 여겼지요. 이는 주교들이 본연의 임무를 다하기 위해서 꼭 필요한 개혁이었습니다.

이대로 변호사   그때 원고 하인리히 4세의 반응은 어땠습니까?

그레고리우스 7세   이 부분에서 나는 황제 하인리히 4세와 날카롭게 대립했습니다. 황제도 성직자 임명권을 내놓고 싶어 하지 않았거든요. 황제가 성직자를 직접 임명해야 성직자가 황제의 세력이 될 수 있을 테니까요.

그런데 이 사람도 참 답답한 게, 처음에는 성직 서임권을 포기한다고 했다가 작센 전쟁에서 승리한 뒤 기세가 등등해졌는지 당시 비어 있던 몇몇 주교의 자리에 황제의 권한으로 자신의 가신을 임명하는 것이 아닙니까? 나는 황당할 수밖에 없었지요. 전면전을 펼치자는 뜻이 아니고 뭐였겠습니까? 허허.

그레고리우스 7세가 원고석의 하인리히 4세를 보며 비아냥거리자 하인리히 4세도 못 참겠다는 듯이 발끈하며 일어섰다.

하인리히 4세   무슨 소리입니까? 당시까지 성직자 임명은 황제의 권한이었습니다! 성직자는 황제의 보호를 받는 사람들이었으니까요. 그 외에도 황제는 교회 공의회를 소집하고 주교들을 임명하며, 성직자들이 지켜야 할 도덕성과 공적 규범을 만들고 이를 감독하는 일을 했습니다. 이러한 황제의 권한을 교황이 금지하는 것이 오히려 황제를 우습게 생각하는 행위입니다!

이대로 변호사　　잠시만요! 원고의 주장은 사실이 아닙니다! 세속인, 즉 황제가 성직자를 임명하지 못하게 한 것은 황제를 우습게 본 행동이 아닙니다. 황제가 성직자를 임명하면서 사실 많은 문제가 생겼거든요.

판사　　왜 그렇지요?

이대로 변호사　　황제에 의해 뽑힌 주교들은 두 가지 역할을 맡아야 했습니다. 먼저 주교로서 교회 업무를 집행, 관리하고, 신도들의 영혼을 치유하고 봉사하는 일을 담당해야 했지요. 그런데 주교는 황제의 사람이기도 했습니다. 그렇기 때문에 자신의 주군인 황제에 대해 군사적인 봉사, 조언, **부조**같은 일도 해야 했습니다.

판사　　그래서 당시 교황은 황제가 주교를 임명하는 것을 반대한 건가요?

이대로 변호사　　그렇습니다. 교황은 황제로부터 임명된 주교가 아니라 교황에게 임명된 주교만이 진정 교회를 위한 일을 할 수 있을 것이라고 생각했습니다. 그래서 ▶피고인 그레고리우스 7세 교황은 원고, 즉 황제 하인리히 4세의 성직자 서임권을 완강하게 반대했던 것입니다.

부조
좋은 일이나 슬픈 일이 생겼을 때 돈이나 물품 등을 보내 도와주는 것을 말합니다.

교과서에는

▶ 그레고리우스 7세는 세속 군주들이 성직 임명권을 갖고 있기 때문에 교회가 타락했다고 생각했습니다. 그래서 이를 교황이 갖겠다고 선언했지요. 신성 로마 제국의 황제인 하인리히 4세는 이 조처에 격렬히 반발했습니다.

　　성직자 서임권을 둘러싸고 황제와 교황의 갈등이 깊어졌다는 설명이 나오자 방청석은 술렁이기 시작했다.

　　"성직자를 누가 뽑든 무슨 상관? 복잡하네, 복잡해!"

　　"아, 이 사람이, 무슨 그런 무식한 소릴! 변호사들 설명 안 들었소? 성직자는 그때까지 원래 황제가 뽑았는데, 교황이 교회를 개혁하며 반대하기 시작했다고 하잖아."

　　"황제의 권한과 교회의 개혁이 충돌했다는 거로군요?"

　　왜 하인리히 4세는 카노사에서 굴욕을 당했을까?

판사   그럼, 이러한 의견 차이를 좁히기 위해 원고와 피고, 두 사람은 어떤 노력을 했습니까?

이대로 변호사   피고인 교황 그레고리우스 7세는 성직 임명권에 대한 협상을 위해 교황 사절단을 통해 원고인 황제 하인리히 4세에게 회의를 제안하는 편지를 보냈습니다. 추운 겨울에 23일이나 걸려서 어렵게 원고를 찾아갔지만, 원고는 아무런 답변도 하지 않았습니다. 원고! 그때 왜 답장을 보내지 않았습니까?

하인리히 4세   답장이라……. 흠흠! 그 편지는 나에 대한 최후통첩이었습니다. 거기에 어떤 뜻이 숨어 있었는지 알기나 합니까? 아니, 협상을 원했으면 나에게 간절히 만나자고 이야기를 했어야지! 교황의 말을 순순히 따르지 않으면 황제의 정치적 권한과 종교적 권한 모두를 없애버릴 수도 있다니, 이게 말이 됩니까? 황제의 자리에서 쫓아낼 수도 있다는 말을 듣고 어느 누가 기분 좋게 협상을 할 수 있겠습니까?

이대로 변호사   이의 있습니다, 판사님! 원고가 지나치게 흥분하여 상황을 오해한 것 같군요! 여기 그레고리우스 7세 교황이 그때 당시 하인리히 4세 황제에게 보낸 편지의 사본을 증거물로 제시합니다. 참고해 주십시오.

　　이대로 변호사는 편지의 사본을 판사에게 전해 주었다. 판사는 그것을 훑어보았다.

판사   네, 피고 측 변호인의 증거물을 인정합니다.

이대로 변호사   지금 증거물로 제출한 편지의 내용을 여기 계신 여러분께도 읽어 드리겠습니다.

"우리는 황제인 당신이 교회의 파문을 받은 사람들과 만나고 있다는 보고를 받고 매우 당혹스러웠습니다. 만일 이것이 사실이라면 당신은 먼저 파문당한 그들을 쫓아낸 뒤, 당신의 죄에 대한 용서를 구해야 합니다. 자기 스스로를 교회의 아들로 일컬으면서

왜 하인리히 4세는 카노사에서 굴욕을 당했을까?

겸손함을 보여 주었던 당신이 교회법을 가장 심각하게 어겨서 우리는 놀라움을 금할 수가 없습니다."

잘 들으셨습니까? 이 편지에서도 나타났듯이, 교황은 하인리히 4세에게 애원했습니다. 이 편지는 잘못한 것을 진정으로 회개하라는 간청의 편지였어요. 어느 구절에도 원고가 이야기한 최후통첩에 관련한 내용은 보이지 않습니다. 원고는 피고에게 좋지 않은 감정을 가지고 있어서 이 편지를 그렇게 해석한 것은 아닙니까?

하인리히 4세 아닙니다. 나는 이 편지를 읽고 교황이 나에게 최후통첩을 보냈다고 생각했습니다.

이대로 변호사 이뿐만이 아닙니다. 원고는 교황 그레고리우스 7세에 대한 복수심으로 이를 갈았지요. 그래서 일부러 교황청이 파문한 사람들과 친하게 지냈습니다. 심지어는 협상을 하자고 제의하는 그레고리우스 7세를 교황의 자리에서 물러나게 하려고 보름스에서 세속 제후들과 모임을 갖기도 했습니다. 맞습니까?

"황제가 교황을 폐위하려 했다고?"

"그러게. 하인리히 4세가 그레고리우스 7세를 먼저 몰아내려 했었구나."

"그렇게 양쪽이 서로를 쫓아내려고 싸우다 결국 카노사에서 일이 터졌던 거고."

사람들의 웅성거림으로 재판장은 잠시 소란스러웠다. 하인리히 4세는 화가 난 표정으로 책상을 쾅 하고 내리치더니 자리에서 벌떡 일어났다.

하인리히 4세   아닙니다! 내가 보름스에서 성직자와 세속 제후들의 모임을 소집한 것은 맞아요. 하지만 피고 측 변호인은 상황을 이상하게 해석하는군요! 그 회의에는 스물네 명의 주교들과 두 명의 대주교, 그리고 제후들이 참석했습니다. 회의 결과, 교회의 주교들은 황제에게 소속되어 충성해야 한다는 데 모두들 찬성했습니다. 여러 귀족들도 나와 같은 생각이었다는 뜻이지요! 나는 이 점을 강조하고 싶네요!

하인리히 4세는 여기서 잠시 숨을 고르고 주위 분위기를 살폈다. 그러더니 또 다른 어떤 말을 꺼내려는 듯 헛기침을 하기 시작했다.

하인리히 4세   흠흠, 그리고 중요한 사실을 하나 말해 볼까요? 사실 교황 그레고리우스 7세는 1059년 선거 법령에 따라 선출된 적법한 교황이 아니었습니다. 또한 나를 비롯한 여러 사람들에게는 고결한 척했지만, 알고 보니 토스카나 마틸다 백작 부인과 스캔들이 있더군요. 듣자 하니 그분이 교황의 증인으로도 곧 나올 거라면서요?
그레고리우스 7세   뭐, 뭐라고요? 아니, 무슨 그런 말을!
하인리히 4세   끝까지 들어 보시죠! 모범을 보여야 할 교황이 부적

왜 하인리히 4세는 카노사에서 굴욕을 당했을까?

절한 죄를 짓고 어찌 교황의 자리에 있을 수 있겠습니까? 그래서 나는 그레고리우스 7세를 교황직에서 폐위해야 마땅하다고 주장했던 겁니다!

이대로 변호사　　이의 있습니다, 판사님! 원고가 말한 마틸다 백작 부인과 교황 그레고리우스 7세의 관계는 전혀 확인되지 않는 이야기입니다. 그럼에도 불구하고 원고는 이 소문이 사실인 것처럼 이야기를 하고 있습니다. 원고가 말한 이 부분은 법원 기록에서 삭제해 주시기 바랍니다.

판사　　원고가 이야기 한 토스카나 마틸다 부인과 피고 교황 그레고리우스 7세의 관계는 정확한 증거가 없으므로 피고 측 변호인의 요청을 받아들여 원고가 한 말을 삭제합니다. 피고 측 변호인은 계속 신문해 주세요.

이대로 변호사　　감사합니다. 그런데 원고, 방금 전 피고 그레고리우스 7세가 1059년 교회의 선거 법령에 따라 선출된 적법한 교황이 아니라고 했는데, 도대체 무슨 근거로 그렇게 이야기하는 겁니까?

하인리히 4세　　분명히 말씀드리죠! 그레고리우스 7세는 당시의 적법한 절차에 따라 주교나 추기경들의 제안을 받고 교황이 된 것이 아닙니다. 그저 교황이 되고 싶다는 욕심으로 몇몇 과격한 로마 시민과 일부 성직자의 환호를 등에 업고 교황의 자리에 올랐답니다. 게다가 독일 황제인 나의 허락도 전혀 받지 않은 채 말입니다.

　이것이 어떻게 올바른 선출이겠습니까? 몇몇 사람들의 지지만으로 교황이 되는 것이 정당한 일입니까? 나는 합법적이지 못한 교황을 받아들일 수 없었습니다!

  하인리히 4세의 강한 항변에 재판장은 그 어느 때보다도 팽팽한 긴장감이 감돌았고 방청객들은 숨을 죽였다. 그레고리우스 7세는 화가 나 죽겠지만 애써 참겠다는 듯 지그시 눈을 감고 입을 굳게 다물어 버렸다. 이때 이대로 변호사가 침착한 표정을 지으려고 노력하며 말문을 열었다.

이대로 변호사 이의 있습니다, 판사님. 원고 하인리히 4세 황제는 교황 그레고리우스 7세가 몇몇 사람들의 지지만으로 교황의 자리에 오른 것으로 몰아가고 있습니다. 하지만 교황 그레고리우스 7세가 교황으로 선출된 해, 즉 1073년 4월 22일에 교황이 직접 쓴 편지에는 이런 내용이 기록되어 있습니다.

  "갑작스럽게 우리의 교황 알렉산더 2세가 사망하게 되었을 때, 많은 사람들이 애통해 하며 흥분하여 들고 일어났다. 그들은 마치 미친 자들처럼 나에게 달려들어 연설이나 회의를 위한 기회나 시간은 주지 않고, 강압적인 힘으로 나를 교황의 자리에 오르게 했다."

  이렇듯 갑자기 사람들이 자신을 교황으로 추대하자, 그레고리우스 7세도 당혹스러움을 감출 수 없었습니다. 사람들로부터 엄청난

왜 하인리히 4세는 카노사에서 굴욕을 당했을까?

추앙을 받은 게 피고의 죄라면 죄였지요! 흠.

김딴지 변호사 이의 있습니다! 피고인 교황이 직접 썼다는 글은 이 법정에서 적절한 증거 자료가 되지 못합니다. 원래 그런 상황에선 자기가 사람들의 추앙을 받으며 그 자리에 올랐다고 하지, 아무려면 혼자 욕심내서 억지로 교황이 되었다고 써 놓겠습니까? 그런 말도 안 되는 자료를 증거라고 내밀다니요? 흥!

이대로 변호사 후훗. 김딴지 변호사, 또 흥분하는군요. 그렇다면 이건 어떻습니까? 이 자료는 교황이 직접 쓴 것은 아니고 다른 성직자가 그때의 상황을 적은 겁니다. 한번 들어 보시죠!

> "우리는 신성한 로마 가톨릭과 사도 교회의 추기경, 성직자, 그리고 사제들이 존경하는 주교와 수도원장, 여러 성직자와 수도승의 참석과 동의, 또한 대규모 군중과 다양한 계층 사람들의 환호로 우리의 사제이며 최고 주교로서, 힐데브란트를 그레고리우스 7세 교황으로 선출하였다."

교황 그레고리우스 7세의 선출 방법이 1059년의 교황 선거 법령에 명시된 것과 다르다는 것은 인정합니다. 그러나 위의 기록들에서 나타나듯이, 교황 그레고리우스 7세가 교황이 되고 싶어서 억지로 꾸민 일이 아니라는 건 명백하게 알 수 있지요. 증거 자료를 보면 성직자와 로마 시민의 간절한 바람으로 피고가 교황이 되었음을 잘 알 수 있지 않습니까? 교회의 수장을 교회의 구성원인 교회 성직자들과 로마 시민이 뽑았다면 그 자체로서 합당한 것이 아닙니까?

판사   자자, 모두 진정하시고요, 잘 알겠습니다. 일단 지금까지 나온 사실을 한번 정리해 볼까요? 피고 그레고리우스 7세 교황은 성직자들과 로마 시민에 의해서 교황으로 선출되었습니다. 교황이 된 그레고리우스 7세는 성직 매매 금지와 성직자의 엄격한 독신주의를 주장하고, 세속 권력이 성직자를 임명하지 못하게 했음을 알 수 있었습니다. 이에 원고인 하인리히 4세는 교황이 황제의 임명을 얻지 못하고 선출되었다는 점을 들며 그레고리우스 7세를 인정할 수 없다는 입장이었고, 더 나아가 황제가 성직자를 임명하지 못하게 하는 것은 교황이 황제권에 지나치게 끼어든 것이라고 했습니다.

그런데 피고는 원고에게 성직자 임명에 대한 협상을 하고자 편지를 보냈다고 했는데, 편지에는 협상에 대한 내용만 있었습니까, 아니면 다른 내용도 있었습니까? 그 점을 밝혀 주기 바랍니다.

    왜 하인리히 4세는 카노사에서 굴욕을 당했을까?

교황이 발표한 교회 개혁안은
어떤 내용이었을까?

2

이대로 변호사　　네, 판사님. 제가 말씀드리겠습니다. 교황이 황제에게 보낸 편지에는 협상을 하자는 협의문과 함께 교황 법령이 실린 원문도 들어 있었습니다. 교황 그레고리우스 7세는 자신이 1075년 2월에 발표한 교황 법령을 원문과 함께 원고인 황제 하인리히 4세에게 보낸 것이지요. 친절하게도 원문을 설명하는 설명서까지 같이 넣어서 말입니다. 판사님, 이 교황 법령을 증거 자료로 인정해 주시기 바랍니다.

　　이대로 변호사는 교황 법령이 적힌 문헌을 판사에게 증거 자료로 제출했다.

판사   네, 인정합니다. 좀 자세히 설명해 주세요.

이대로 변호사   지금 제출한 교황 법령 원본의 내용입니다. 일단 중요한 부분 몇 가지만 읽어 보겠습니다.

《교황 법령(Dictatus Papae, 1075년)》

(1) 로마 교회는 하느님에 의해 세워졌다.

(2) 로마 교회만이 합법적으로 보편적(universal)인 교회라 할 수 있다.

(3) 교황만이 주교를 면직하거나 복직시킬 수 있다.

(9) 모든 세속 군주는 교황의 발에 입을 맞추어야 한다.

(12) 교황은 황제를 폐위할 수 있다.

(14) 교황은 원하는 인물을 교회의 성직자로 임명할 수 있다.

(16) 교황의 명령 없이는 어떤 종교 회의도 소집될 수 없다.

(17) 교황의 허락 없이는 어떠한 합의나 문서도 교회법으로 간주될 수 없다.

(18) 교황의 결정은 다른 누구에 의해서도 변하지 않으며, 이 모든 결정을 재고할 수 있는 권한도 오직 교황에게 있다.

(19) 어느 누구도 교황을 재판할 수 없다.

(26) 로마 교회에 동의하지 않는 자는 가톨릭교도로 인정될 수 없다.

(27) 교황은 (세속 지배자들 가운데) 불의한 자들에 대한 신민의 충성을 면제할 수 있다.

왜 하인리히 4세는 카노사에서 굴욕을 당했을까?

"온통 교황만이 최고라고 하는구나."

"음, 그만큼 당시 교황의 권위와 권력이 하늘을 찔렀다는 뜻이겠지!"

사람들의 웅성거림이 이어졌고, 증거 자료로 제출된 당시 교황 법령을 쭉 읽은 이대로 변호사는 숨이 차는지 잠시 물을 마셨다.

이대로 변호사   흠흠, 목이 좀 갈라져서요. 물 좀 마시고 계속 이어가겠습니다. 이 '교황 법령'은 27개 조항으로 되어 있습니다. 피고, 즉 교황 그레고리우스 7세는 '교황 법령'을 통해 무엇보다도 교황이 그리스도교 사회에서 가장 강력한 권위자임을 세상에 알렸다고 할 수 있습니다. 왜냐하면 교황의 가장 중요한 역할은 법을 만들고 유지하는 것이기 때문이지요.

김딴지 변호사   이의 있습니다, 판사님! 피고 교황 그레고리우스 7세가 선포한 교황 법령은 파격적인 행위로 과거에는 없었던 일입니다. 이 법령은 황제를 교회의 복종자로 만들어 놓았습니다. 너무도 오만방자한 일이 아닐 수 없습니다. 황제를 교회의 권력 안에 포함시켜 버려서, 성직자의 권한이 황제의 것보다 우월함을 오만하게 드러낸 것밖에 되지 않습니다.

이대로 변호사   그렇지 않습니다, 판사님! 교황 그레고리우스 7세는 성직자의 권한이 황제보다 우월하다고 말하지 않았습니다. 단지 올바른 질서를 세워서 교회를 통치하기 위한 조처였던 것이지요!

김딴지 변호사   아닙니다! 피고 그레고리우스 7세는 자신이 만든 교황 법령에서 교황의 권한을 최대한 크게 늘려 놓았습니다. 그리고

교황의 판단에 대해서는 신에게만 물어볼 수 있다는 도저히 납득하기 어려운 조항들로 가득 채워 놨지요!

여기서 한 걸음 더 나아가 피고는 '교황 법령' 12조를 통해 '교황이 황제를 폐위할 수 있다'고 주장했지요. 또 26조에서는 '로마 교회에 동의하지 않는 자는 그리스도교도로 인정될 수 없다'고 선언했고, 27조에 '교황은 불의한 자들에 대한 신민의 충성을 면제할 수 있다'는 조항을 넣어 교황에게 충실하지 못한 황제를 폐위, 파문할 수 있게 해 놓았습니다. 이것은 세속의 권력이 교회의 권력에 완전히 속하기를 요구하는 것입니다. 이러한 법령이 어떻게 합법적인 법령이겠습니까?

김딴지 변호사가 숨 쉴 틈도 없이 조목조목 반박하자 재판정 안에는 팽팽한 긴장감이 넘쳐흘렀다. 하지만 이대로 변호사 역시 한 치도 물러서지 않았다.

이대로 변호사 그렇지 않습니다! 교황 그레고리우스 7세는 황제일지라도 자신에게 주어진 권한을 마음대로 휘두르는 것이 아니라, 법의 테두리 안에서 움직여야 한다고 말했을 뿐입니다. 교황 그레고리우스 7세는 신의 정의가 실현되는 질서를 이 땅에 세우고 싶어 했습니다. 그리스도교 사회를 통치하고 유지하기 위해서는 제대로 된 교회법이 반드시 필요했습니다. 이 법령은 새로운 것이 아니며, 예전의 정신을 다시 일으켜 세우기 위한 것이었지요.

김딴지 변호사   흠, 글쎄요? 피고인 교황 그레고리우스 7세가 이러한 말도 안 되는 교황 법령을 발표하면서 얻으려 했던 건 다름 아닌 바로 교황 자신의 권력입니다. 교황은 지상에 있는 최고의 우두머리이며, 동시에 세속적인 것과 정신적인 것 모두를 판단할 수 있는 가장 높은 심판관이자 신의 대리자라는 것이죠!

존경하는 판사님과 배심원 여러분, 어떻게 교황이 세속적이고 정신적인 문제 모두에서 최고의 심판관이 될 수 있습니까? 교황도 사람입니다. 신이 아닙니다. 그런데 어떻게 교황이 이러한 법령을 만들어서 선포할 수 있는지 의아합니다.

판사   자자, 모두들 흥분을 가라앉히세요. 양측의 공방이 어찌나 치열한지 재판정 안이 매우 덥게 느껴질 정도입니다. 일단 양측 변호인의 설명을 잘 들었습니다. 1075년 2월에 선포한 27개조로 되어 있는 교황 법령은 원고 측 변호인의 말처럼 파격적으로 보이네요.

이대로 변호사   그렇습니다. 하지만 재판장님, 이 교황 법령은 새롭게 만들어진 것이 아니라 오히려 다시 초대 교회의 관행을 복원하자는 의미에서 발표된 것입니다.

김딴지 변호사   황제와 제후들이 교황에게 복종해야 한다는 교황의 주장은 황제라면 받아들일 수 없는 것이었습니다. 그래서 그레고리우스 7세 교황이 하인리히 4세 황제에게 교황 법령을 전했을 때 거부당할 수밖에 없었던 것입니다. 당연한 거 아닙니까? ▶황제는 교황에 대한 복종을

교과서에는

▶ 1076년 1월, 하인리히 4세는 보름스에서 제국 회의를 소집하여 교황 그레고리우스 7세를 폐위한다는 결의안을 통과시켰습니다.

굴욕이라고 느꼈기 때문에 보름스에서 성직자와 제후들을 소집하여 회의를 한 것입니다.

판사   그랬습니까? 보름스 회의에서 황제는 어떠한 결정을 내렸는지 양측 변호인단 중 누가 먼저 이야기해 주시겠습니까?

3

황제는 왜 카노사에서
교황에게 빌었을까?

이대로 변호사   판사님, 그 부분은 제가 먼저 설명해 드리겠습니다. 다시 한 번 정리하면, 하인리히 4세는 그레고리우스 7세가 보낸 법령과 편지의 내용이 굴욕적이라고 생각하여 크게 화를 냈습니다. 그래서 1076년 1월 24일, 황제는 보름스에서 회의를 소집해 교황을 폐위시키려 했습니다.

보름스 회의에서 교황의 폐위에 찬성표를 던진 제후와 성직자들은 교황에게 위증죄와 간통죄 등의 죄를 덮어씌웠지요. 교황은 너무나 황당했습니다. 교황은 황제 측에 협력을 구하고자 특사까지 파견했는데 도리어 그들 무리가 자신을 교황의 자리에서 폐위시킨다는 회의나 열고 있었으니 말입니다.

그레고리우스 7세   맞습니다. 화가 나고 울분을 토해야 할 사람은 원고가 아니라 바로 나, 교황 그레고리우스 7세입니다!

김딴지 변호사   잠시만요! 존경하는 판사님, 이는 사실과 다릅니다. 피고 측은 자신이 한 일은 생각도 하지 않고 줄곧 억울하다며 발뺌하는군요? 사실 교황 역시 보름스 회의가 열리고 얼마 후인 같은 해 2월 22일, 로마에서 종교 회의를 개최했습니다. 그곳은 자신이 교황으로 선출된 곳이기도 하지요. 이 회의에서 피고 그레고리우스 7세 교황은 상황을 뒤집으며 세 가지 이유를 들어 원고를 폐위하고 파문령까지 내렸습니다.

판사   어떤 근거를 댔던 거죠?

김딴지 변호사   첫째는 교회가 파문하여 접촉이 금지된 사람들을 원고가 지속적으로 만나면서 교회법을 따르지 않았다는 것, 둘째는 피고가 교황이 되기 이전부터 여러 차례 전달했던 충고를 원고가 무시하고 신성한 윤리와 개인적 신의를 저버렸다는 점, 마지막으로 원고가 불법적으로 보름스에서 회의를 열어 교황을 폐위시켜서 그리스도교 사회의 분열을 불러일으켰다는 이유입니다. 이러한 말도 안 되는 이유를 들어서 황제를 폐위한다는 것이 옳은 일입니까? 배심원 여러분, 현명하게 생각해 주시기 바랍니다.

순간, 법정 안은 사람들의 수군거림으로 술렁거리기 시작하였다.

"세상에, 말세야, 말세. 어떻게 교황이 황제를 파문하나?"

"아니, 황제가 교황을 폐위하는 건 또 어떻고?"

"흥미진진하네요. 서로 폐위를 하네, 마네…… 그럼 뒷일은 어떻게 되나?"

판사　모두들 조용히 해 주십시오. 계속해서 재판을 진행하겠습니다. 양측 변호인 중에서 어느 쪽이 먼저 시작하시겠습니까?

이대로 변호사　판사님, 제가 먼저 원고 하인리히 4세에게 질문하겠습니다. 허락해 주시기 바랍니다.

판사　허락합니다.

이대로 변호사　원고, 원고는 1076년 1월 24일 보름스 종교 회의 이후, 교황이 임명한 주교들을 내쫓기 시작했지요. 그리고 원고가 마음에 들어 하던 인물을 대주교 자리에 앉혔습니다. 그런데 때마침 그때 두 가지 사건이 터졌습니다. 원고의 가장 가까운 측근이었던 고드프레이 로렌 공과 우트레히트의 주교 윌리엄이 갑자기 죽은 것이죠. 많은 사람들은 이 두 사건을 황제에 대한 신의 경고라고 느꼈다고 합니다. 원고는 이렇게 흔들리는 민심을 알고 있었습니까?

하인리히 4세　신의 경고라니요? 단순한 사고였을 뿐입니다.

이대로 변호사　흠, 좋습니다. 그렇다면 이번에는 보다 구체적인 증거를 들어 보죠. 그때 황제의 권력이 커지는 것을 원치 않았던 신성 로마 제국의 제후들은 반란을 일으켰습니다. 이들은 같은 해인 1076년 10월에 트리브르에서 회의를 열었습니다. 여기에서 두 가지의 중요한 결정이 내려졌습니다. 원고에게는 치명적이었지요.

판사　그게 대체 무엇이었습니까?

이대로 변호사　첫째, 지금의 황제인 하인리히 4세가 1076년 2월

22일 교황이 내린 폐위 결정을 받아들이지 않는다 하더라도, 앞으로
제후들은 그를 황제로 인정하지 않겠다는 것!

"아아……."

이대로 변호사의 말이 채 끝나기도 전에 방청석 곳곳에서는 낮은
탄식이 흘러나왔다.

이대로 변호사   둘째, 다음 해인 ▶1077년 2월 2일에 아우구스부르

크에서 종교 회의를 소집하여 교황이 이 회의를 주관하고 여기에서 하인리히 4세의 황제권을 유지시켜 줄 가치가 없다고 판단되는 경우, 새로운 황제를 선출할 수 있다는 결의안이었습니다.

판사 그 결의안은 이후 어떻게 처리되었나요?

이대로 변호사 이 제후 회의의 결정은 교황인 그레고리우스 7세와 하인리히 4세에게 동시에 전달되었습니다. 원고, 피고 모두 이 결정문을 받아 보았겠지요? 그래서 이때, 역전된 상황으로 마음이 다급해진 원고 하인리히 4세는 피고 그레고리우스 7세를 찾아갔습니다. 황제의 계산대로라면, 제후들이 황제의 편을 들어 주며 교황을 폐위해야 옳은데, 반대로 교황이 황제를 파문한 것을 인정한다고 하니 당황스러웠겠지요. 더이상은 버티기도 어려웠을 테고요. 그렇지 않습니까?

하인리히 4세 흠흠, 피고 측 변호사의 말과 태도가 심히 불쾌하군요! 감히 황제인 나에게……. 옛날 같으면 불경죄를 물었을 텐데, 에헴!

교과서에는

▶ 교황은 신도들이 더 이상 황제를 만나지 말 것과, 황제에게 충성을 바치는 제후는 교황에게 예를 다하지는 자로 간주하겠다는 발표를 했습니다. 이에 그동안 하인리히 4세를 지지하던 독일의 제후와 성직자들이 황제에게서 등을 돌리게 되었지요.

원고석에 앉아 있던 하인리히 4세 황제가 얼굴을 붉히며 말했다. 하지만 이대로 변호사의 기세는 누그러들 줄 몰랐다.

이대로 변호사 계속 진행하겠습니다. 그래서 황제는 교황이 제후 회의에 참석하기 전에 교황의 마음을 돌려놓아서 교황이 황제직에 대한 파문을 취소하기를 바랐던 것입니다. 다시 황제의 자리만 지킬 수 있다면 무엇인들 못했겠습니까? 이처럼 다급한 상황에서 원고는 오로지 황제의 자리에만 연연했으니 한 번이 아니라 열 번이라도 무릎을 꿇지 않았을까요?

김딴지 변호사　이의 있습니다, 판사님! 피고 측 변호인은 원고를 모독하고 있습니다. 이젠 참을 수가 없군요!

판사　자, 모두들 진정하고 차분히 재판에 임해 줄 것을 요청합니다.

이대로 변호사　판사님, 원고는 자신의 지지자들을 믿고 교황을 폐위했는데, 정작 일이 뜻대로 이루어지지 않자 살길을 찾았던 것입니다. 그것이 바로 교황을 찾아가서 파문을 풀어 달라며 마음에도 전혀 없는 사죄를 하는 것이었겠지요. 원고, 안 그렇습니까?

하인리히 4세가 자리에서 일어났다. 흥분을 가라앉히며 황제로서의 위엄을 되찾으려 애쓰는 모습이었다. 하인리히 4세는 담담하게 말했다.

하인리히 4세　피고 측 변호인은 나를 완전히 비굴한 기회주의자로 몰아가는군요. 하지만 꼭 그렇지는 않았습니다. 그때 내가 당황한 것은 물론 사실입니다. 제후들이 그런 결정을 할 거라고는 생각하지 못했으니까요. 하지만 그것만이 다는 아닙니다. 사실 나도 마음이 편하지는 않았어요. 내가 너무 고집을 부려서 일이 이렇게 악화되었나 반성해 보기도 했지요. 하지만 교황은 꿈쩍도 하지 않으니, 나라도 양보해야 하지 않겠습니까? 그리고 그레고리우스 7세와 갈등을 겪으면서, 한편으로는 이제는 화해를 해야겠다는 생각이 들기도 했지요.

판사 교황과 화해를 하려 했다고요?

하인리히 4세 그렇습니다. 그런데 그 기회가 찾아온 것입니다. 나는 분명 그때를 교황과 화해할 수 있는 시기라고 생각했습니다. 그래서 길을 나서게 된 것이죠. 마음에도 없이 단지 정치적인 것만을 생각했다면 내 식구를 데리고 그 추위에 그 먼 길을 떠나지는 않았을 것입니다. 이것이 나의 진실한 마음입니다.

말을 마친 하인리히 4세는 고개를 떨어뜨리고 어깨를 조금씩 들썩였다. 순간 법정 안은 물을 끼얹은 듯이 조용해졌다. 이 고요함이 무거웠는지 김딴지 변호사는 조금은 과장된 목소리로 말했다.

김딴지 변호사 판사님, 원고 하인리히 4세가 감정이 복받쳐서 계속 질문을 받기 어렵습니다. 그래서 이 김에 휴 클뤼니 수도원장을 증인으로 신청하여 변론을 이어 가고 싶습니다.

판사 네, 허락합니다. 증인은 증인석으로 나와서 선서를 해 주십시오.

휴 수도원장 선서. 나는 클뤼니 수도원장으로서 오직 진실만을 말할 것을 선서합니다.

김딴지 변호사는 휴 클뤼니 수도원장에게 가볍게 목례를 하고 헛

기침을 한 번 하고는 비장한 표정으로 증인석에 다가갔다.

김딴지 변호사 ▶1077년에 역사상 유례가 없던 일이 벌어졌습니다. 황제 하인리히 4세가 그의 가족들과 수행원을 데리고 그 추운 겨울에 굳게 닫힌 카노사 성문 앞에서 맨발로 무릎을 꿇고 교황에게 3일간 사죄한 것입니다. 그때 카노사 성 안에 증인이 있었다고 하는데요, 증인은 당시 상황을 어떻게 기억하십니까?

휴 수도원장 아, 지금도 그때 일이 생생히 떠오르는군요.

▶ 교황 그레고리우스 7세가 황제 하인리히 4세를 파문하자 결국 하인리히 4세는 그때 교황이 머무르고 있던 카노사의 성문 밖에서 3일 동안 맨발로 서서 용서를 빌었지요. 이것을 카노사의 굴욕이라고 한답니다.

사면
죄를 용서하여 형벌을 면제해
주는 것을 뜻합니다.

나의 영적인 아들인 하인리히 4세가 참회자의 복장으로 눈발이 날리는 한겨울에 맨발로 사죄하고 있는 모습은 정말 내 마음을 아프게 했어요. 하인리히 4세는 자신의 잘못을 깊이 뉘우치고 있었습니다. 황제의 자리에 연연하여 어쩔 수 없이 한 행동이라고는 전혀 생각하지 않았습니다. 앞으로 정말 훌륭한 황제가 될 것을 믿어 의심치 않았지요.

김딴지 변호사　그래서 증인은 어떻게 하셨나요?

휴 수도원장　나는 교황께 간절히 황제의 사면을 요청했습니다. 황제가 아직 나이도 어리고 세상 경험이 부족해서 그런 것이니, 황제의 아버지와 교황의 오랜 친분을 생각해서라도 제발 그를 용서해 달라고 말이지요.

김딴지 변호사　그때 성안에는 다른 사람들도 있었습니까? 그랬다면 그들의 반응은 어땠지요?

휴 수도원장　그때 나만 그런 부탁을 드린 것은 아니었어요. 당시에는 그 성안에 여러 명의 사람들이 함께 있었는데, 그들 대부분 황제가 잘못을 반성하고 있으니 은혜를 베풀어 달라고 간청했습니다. 그랬더니 무척이나 완고했던 그레고리우스 교황의 마음이 변하기 시작했지요. 그러기를 3일, 결국 교황은 마음을 돌려서 황제를 용서해 준 것입니다. 우리 모두는 이번 일로 황제와 교황이 앞으로 좋은 관계로 발전해 가리라 믿었습니다.

김딴지 변호사　네, 잘 들었습니다. 덕분에 당시 상황을 생생히 알 수 있었습니다. 두 사람의 관계에 증인의 중재가 아주 중요한 역할

을 한 것 같습니다. 그럼 다시 피고 그레고리우스 7세 교황에게 질문하고 싶습니다.

잠시 카노사의 사건이 일어나기 전의 상황으로 돌아가 봅시다. 피고, 왜 원고를 폐위하고 파문했습니까? 군주를 파문하는 것은 당시 그리스도교 사회에서 커다란 징벌이었을 텐데요. 어떤 생각으로 황제를 파문한 것인지 말씀해 주세요.

그레고리우스 7세   하인리히 4세는 작센 전쟁에서 승리를 거두자 조금씩 변했습니다. 나와 맺은 여러 가지 협약을 무시하기 시작했어요. 물론 군주인 하인리히 4세 입장에서 보면 기분 나쁠 수 있겠습니다. 그때까지 황제가 해 오던 성직자 임명을 교회의 수장인 교황만이 할 수 있는 것으로 내가 못 박았으니까요. 그래서 나는 이를 자세히 설명하는 서한을 황제에게 보내 깊은 이해를 구했던 거지요.

그런데 황제는 그때 비어 있던 주교의 자리에 적절치 않은 인물을 올렸습니다. 교황인 나하고는 아무런 상의도 없이 말입니다. 그러고 나서 나를 반대하는 주교들과 황제를 지지하는 제후들을 불러 놓고는 회의를 열어 나를 폐위하기로 결정했다니, 나로서는 참으로 기가 막히는 일이었습니다.

김딴지 변호사   그때 피고는 카노사의 성에 있었지요? 왜 그곳으로 가셨습니까? 카노사의 성은 세 겹으로 둘러싸인 천혜의 요새라고 하던데요. 혹시 그곳으로 황제가 찾아올 것이라고 생각했습니까?

그레고리우스 7세   허허허. 황제가 카노사의 성으로 나를 만나러 올 것을 알았다면, 나는 그곳을 일찍 떠났을지도 모르겠습니다. 당시

나는 황제를 만나기엔 좀 껄끄러운 기분이 들었거든요.

그리고 내가 그때 카노사 성에 머물렀던 이유는 이렇습니다. 나는 12월에 로마를 떠나 롬바르디아를 여행하고 있었는데 그때 롬바르디아 사람들이 나에게 적대감을 갖고 있다는 것을 알게 되었지요. 그래서 잠시 카노사에 있는 마틸다 백작 부인의 성에 머물면서 상황을 살펴보았습니다. 그리고 내가 그곳에 머무르고 있다는 사실을 알게 된 하인리히 4세 황제가 나를 만나기 위해 이탈리아로 출발했던 것이지요.

김딴지 변호사　그렇다면 피고는 그곳에서 무엇을 하고 계셨습니까? 황제를 기다리지 않았다면 말입니다.

그레고리우스 7세　쉬엄쉬엄 책도 읽고 산책도 하면서 앞으로의 일에 대해 고민하고 있었습니다. 그리고 그 성에는 여러 사람들이 같이 있었어요. 하인리히 4세의 대부였고 클뤼니 수도원장이었던 휴, 변방의 귀족이었던 아조 2세, 아델라이드 백작 부인 그리고 성의 주인이었던 마틸다 부인 등이 함께 머물고 있었습니다. 그래서 나는 이들과 함께 담소도 나누며 롬바르디아의 주변 상황과 나의 교회 개혁 의지, 그리고 앞날의 계획 등 여러 가지 의논을 했지요.

김딴지 변호사　그러던 차에 하인리히 4세가 온 것이군요. 황제는 교황에게 만나기를 청했지만 교황이 이를 거절했다고 합니다. 황제가 자신을 폐위하려 했던 일을 괘씸하게 여겼기 때문이지요. 교황인 피고가 그렇게 사사로운 감정에 휩싸이다니 놀랍습니다.

피고는 황제가 밖에서 며칠을 빌고 있다는 소식을 들었을 것입니다. 제가 조사해 보니 당시 주변 사람들은 교황이 황제에게 자비를 베풀어 주기를 요청했다고도 합니다.

그레고리우스 7세   처음엔 그의 진심 어린 마음이 느껴지지 않아 용서해 줄 마음이 없었습니다. 그를 용서해 준다는 것은 그에게 내려졌던 폐위와 파문령을 풀어 주는 것을 의미합니다. 다시 그를 통치자로 복귀시키는 것인데, 과연 황제가 되찾은 권력으로 내 뒤통수를 치지 않으리라는 보장이 나에게는 없었습니다.

김딴지 변호사   하지만 피고는 추운 겨울에 성 밖에서 무릎을 꿇고 사죄하는 하인리히를 결국에는 3일 만에 만나 용서해 주었습니다. 그동안에 어떤 심경의 변화가 있었나요?

그레고리우스 7세   주변 사람들이 나를 가만히 두지 않더군요. 하인리히를 용서해 주라고 말입니다. 결국은 하인리히에게 내려졌던 폐위와 파문령을 모두 풀어 주었습니다. 길 잃은 어린 양의 참회를 도저히 거절할 수가 없었지요.

이대로 변호사   판사님, 여기에서 피고가 머물고 있었던 카노사 성의 주인이었던 마틸다 토스카나 백작 부인을 증인으로 세우고 싶습니다. 이분은 다른 누구보다도 당시 상황을 옆에서 자세히 지켜봤던 분으로, 이에 대해 자세한 증언을 들을 수 있을 거라 생각합니다.

판사   증인으로 인정합니다. 마틸다 토스카나 백작 부인은 증인석으로 나와서 선서를 해 주십시오.

마틸다 부인   선서. 나 마틸다 토스카나는 진실만을 말할 것을 선서합니다.

이대로 변호사는 마틸다 토스카나 백작 부인의 아름다운 미모에 놀라 한참을 쳐다보느라 그만 질문할 내용을 잊어 버렸다.

피트
1피트는 30.48cm입니다.

판사　흠흠, 피고 측 변호인, 정신을 차리고 질문해 주십시오.

이대로 변호사　아, 네. 마틸다 토스카나 백작 부인 이렇게 나와 주셔서 감사합니다. 교황인 그레고리우스 7세와는 어떻게 아시는 사이인가요?

마틸다 부인　나의 부모님은 신앙심이 깊으신 분들이었습니다. 그래서 교회 성직자 분들과 친분이 두터웠지요. 그레고리우스 교황만이 아니라 여러 성직자 분들이 휴식을 취하기 위해서 우리 성에 자주 오시곤 했습니다.

이대로 변호사　아, 그 카노사의 성이 천혜의 요새라고 하던데요, 왜 그런 별칭이 붙었는지 자세하게 말씀해 주실 수 있습니까?

마틸다 부인　우리 집안의 선조들이 세웠던 카노사 성은 세 겹으로 에워싸인 단단한 요새입니다. 그 누구도 쳐들어오기가 쉽지 않은 성이지요. 높이가 무려 1천5백 **피트**였고, 검은색 화산 돌출부가 바로 뒤에 위치하고 있었습니다. 가장 바깥의 성곽은 바위 위에 있는 평평하고 높은 지대에 세워졌습니다.

이대로 변호사　그런 환경에 세워진 성이라면 접근하기도 쉽지 않았겠군요?

마틸다 부인　네, 맞습니다. 그렇기 때문에 이곳은 전쟁이 일어났을

카노사(Canossa)의 위치와 이탈리아 북부 에밀리아로마냐 지역의 카노사 성

때, 농민들이 자신의 가족과 가축을 보호할 수 있는 곳이었습니다. 두 번째 성벽은 나선형의 모양으로 세워졌습니다. 이 성벽과 깊은 계곡 사이로 난 길이 성으로 접근할 수 있는 유일한 통로였지요. 언덕 중간 부분에 일련의 계단식 지층이 있었는데, 그곳에 수도승들은 수도원을 건립했으며, 군인들은 그들의 병영을 세우기도 했습니다. 또한 사제들과 가신들의 집이 있었던 곳이기도 합니다. 이곳의 창고는 생필품과 전투 장비로 가득 채워졌습니다. 그리고 가장 높은 곳에 세워진 것이 바로 세 번째 성벽이었습니다. 이 성벽 내에는 예배당, 창고, 망루, 전망대, 무도회장, 방문객을 위한 숙소, 식당 등이 마련되어 있었습니다. 안전하고 안락한 시설 덕분에 많은 사람들이 겨울이면 카노사에 머무르기를 좋아했습니다.

이대로 변호사   그럼 하인리히 4세가 참회를 했던 곳은 카노사 성

왜 하인리히 4세는 카노사에서 굴욕을 당했을까?

의 몇 번째 성 밖이었습니까?

마틸다 부인 아, 그곳은 가장 높은 곳에 세워졌던 세 번째 성벽 문 앞이었습니다. 이곳에서 하인리히 4세는 맨발에 참회자의 복장을 하고서는 3일 동안을 기다렸지요. 아, 참, 단식도 하면서 말입니다. 정말 몰골이 말이 아니었습니다.

카노사 성 앞에서 무릎 꿇은 황제. 하인리히 4세가 마틸다 백작 부인에게 무릎 꿇고, 교황을 만날 수 있게 도와달라며 간청하고 있습니다. 옆에서 휴 클뤼니 수도원장이 이를 지켜보고 있습니다.

"쯧쯧. 황제가 그때 고생을 하긴 했네."

"그러게 말이야. 처자식 모두 거느리고 그 추운 겨울날……."

"교황도 마음이 약해질 수밖에 없었겠어."

여기저기서 방청객들이 수군거리는 소리가 들려왔다. 이대로 변호사는 계속해서 증인에게 질문을 이어갔다.

이대로 변호사 그때 증인을 비롯해 카노사 성 안에 있던 분들은 어떻게 하셨죠?

마틸다 부인 하인리히 4세는 우리에게 교황을 만날 수 있도록 잘 말씀드려 달라고 애원했지요. 그 모습이 하도 딱해 우리는 교황께 황제를 용서해 달라고 간청했어요. 그러나 마음을 돌리고 황제를 용서한 분은 교황이십니다. 우리는 옆에서 말씀드린 것 밖에는 없습니다. 워낙 선하고 자비로운 분이셨기에 우리가 간청하지 않았어도 결국에는 하인리히 4세를 용서해 주셨을 것입니다.

이대로 변호사　　잘 알겠습니다. 증언 감사합니다. 판사님, 우리는 마틸다 백작 부인의 증언으로 피고가 원고와 화해하기 위해 노력하고 마음을 열었다는 사실을 잘 알 수 있었습니다. 이 점을 참고해 주시기 바랍니다.

판사　　알겠습니다. 그러면 원고 측은 증인에게 질문 없습니까?

김딴지 변호사　　네, 없습니다.

판사　　그럼 증인은 내려가도 좋습니다. 둘째 날인 오늘 역시 많은 이야기가 오갔습니다. 모두들 수고하셨습니다. 오늘 재판은 이것으로 마치겠습니다.

　　땅, 땅, 땅!

　왜 하인리히 4세는 카노사에서 굴욕을 당했을까?

중세 유럽의 수도승은
어떤 생활을 했을까?

중세 유럽의 수도원은 종교적인 것 외에도 여러 역할을 수행했습니다. 자급 자족의 경제 단위였던 수도원은 학교를 운영하여 신자들을 교육했고 학문을 연구했지요. 또한 나라가 재난에 빠졌을 때 사람들을 보살폈고, 새로운 농경 법이 개발되었을 때는 이를 전파하기도 했지요. 이들은 일반인들의 삶에 깊은 영향을 주었습니다.

그러면 당시 수도원에 살던 수도승들은 어떤 생활을 했을까요? 수도승 성 베네딕트를 한번 살펴봅시다. 그는 520년경에 이탈리아 몬테 카시노에 수도 원을 세우고 교회에 새로운 개혁의 바람을 불어넣었지요. 베네딕트는 수도승 들에게 규칙서를 만들어 주었습니다. 그 안에는 수도승들이 청빈, 정결, 순종 의 서약을 준수해야 한다는 것과 모든 수도승들이 매일 기도, 노동, 독서를 하 도록 규정한 내용이 담겨 있었습니다.

그리하여 이 규율에 따라 당시 수도승들은 하루에 일곱 번의 기도를 하고 정해진 시간에 육체 노동을 하고 성경을 읽어야 했지요. 게으름은 영혼의 적 이라 여겼기 때문입니다. 또한 그때는 인쇄 기술이 없었기 때문에 수도승들은 성경을 직접 손으로 베껴 적었지요. 당시 수도원은 이처럼 유럽의 중세 문화 를 활짝 꽃 피우는 데 매우 큰 역할을 했답니다.

다알지 기자

안녕하십니까? 시청자 여러분! 빛보다 빠른 뉴스, 역사공화국 법정 뉴스의 다알지 기자입니다. 오늘 두 번째 재판에서는 1077년에 벌어진, '카노사의 굴욕'이라 불리는 사건이 본격적으로 다뤄졌지요. 당시 서양 중세 역사에서 왜 세속적인 지배자인 황제와 종교적인 지도자인 교황이 대립할 수밖에 없었는지 자세히 알아보았습니다. 성직자를 임명할 수 있는 사람이 누구냐가 가장 큰 문제였는데요. 이에 대해 황제와 교황의 입장은 크게 달랐지요. 그래서 이번 재판에서는 황제와 교황이 서로 파문과 폐위를 주장하다 결국 황제가 교황에게 카노사 성 앞에서 무릎을 꿇고 빌었던 상황을 중점적으로 논의했습니다. 그러면 오늘 재판에 대한 두 분 변호사의 이야기를 한번 들어 볼까요?

김딴지 변호사

아, 오늘은 아마 이번 재판에서 제일 힘든 날이 아니었을까 생각합니다. 피고 측에서 준비한 많은 자료를 보고 당황한 것은 사실입니다. 교황 그레고리우스 7세가 보낸 편지를 내밀 줄은 미처 생각하지 못했거든요. 그리고 교황이 만든 27개의 교황 법령에 대해서 제대로 반박하지 못한 것이 조금 아쉽습니다. 그런데 다들 들으셨다시피 교황 법령을 보면, 교황에 대해서는 아무것도 묻지도 못하고 따지지도 못하게 되어 있습니다. 아니, 이게 말이 됩니까? 교황이 무슨 신입니까? 당시 교황 그레고리우스 7세가 얼마나 위압적이고 권위적으로 원고 하인리히 4세를 압박했는지 매우 잘 알 수 있었습니다. 다음 재판에서 확실히 승부를 가르겠습니다. 지켜보시죠!

이대로 변호사

사실 오늘 재판은 저에게도 만만치는 않았 습니다. 그래도 많은 준비를 했지요! 피고 그레고 리우스 7세가 원고 하인리히 4세에게 보냈던 편지와 27개 조항으로 이루어진 교황 법령들, 이 모든 것이 배심원의 마음을 사로잡는 데 부족함이 없었다고 믿습니다. 다만 원고가 교회로부터 폐위와 파문을 당할 수밖에 없었던 이유와 카노사에서 무릎을 꿇었을 때의 상황을 좀 더 파고들지 못한 것이 아쉽습니다. 황제로서 교황에게 무릎을 꿇고 사죄를 한다는 것은 그 이후의 역사에서도 볼 수 없었던 사건인데도 말이죠! 카노사에서의 사죄는 하인리히 4세에게 최대의 굴욕이었으며, 교황 그레고리우스 7세에게 확실하게 주도권이 넘어온 사건이었답니다. 이 점은 모두들 이해했으리라 생각합니다.

왜 하인리히 4세는 카노사에서 굴욕을 당했을까?

교황을 담은 캔버스

　성 베드로의 뜻을 이어 로마 교회의 수장이 된 교황은 유럽은 물론 전 세계적으로 많은 영향력을 가진 인물이에요. 이러한 교황의 모습을 담은 그림으로는 어떤 것이 있는지 한번 알아볼까요?

교황 율리오 2세의 초상

　라파엘로가 그린 또 하나의 걸작으로 이 그림은 교황 율리오 2세의 모습이에요. 율리오 2세는 1503년에서 1513년까지 교황의 자리에 있었으며 라파엘로를 총애하였지요. 율리오 2세는 학문과 예술에 관심이 많아 미켈란젤로와 라파엘로를 지지하고 성 베드로 대성당을 재건하기도 하였답니다. 의자에 앉아 생각에 잠긴 교황의 모습이 인상적이에요.

시스티나의 성모
마리아와 아기 그리스도, 교황 식스토 1세와 성녀 바르바라

이탈리아의 화가이자 건축가인 산치오 라파엘로는 화폭에 성모 마리아와 아기 그리스도를 중심으로 교황과 성녀를 아름답게 그려냈지요. 아래의 중앙에는 두 천사가 그려져 있기도 합니다. 이 그림에 등장하는 교황은 식스토 1세로 식스투스 1세라고도 불리지요. 제7대 교황으로 115년에서 125년까지 교황의 자리에 있었답니다. 그림 속의 교황은 성모 마리아에게 무언가를 이야기하는 모습으로 그려졌어요.

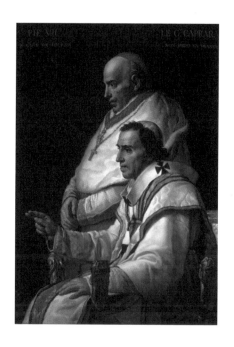

교황 비오 7세와 카프라라 추기경의 초상

프랑스의 화가인 자크 루이 다비드의 그림으로 교황 비오 7세를 그렸어요.
비오 7세는 1800년~1823년 교황의 자리에 있었으며 나폴레옹과 교회 간의
갈등을 해결하고자 노력한 인물이지요. 때문에 교황은 나폴레옹의 대관식
에도 참석하였어요. 그림 속 교황과 추기경의 모습은 같은 화가가 그린 〈나
폴레옹 1세와 조세핀 황후의 대관식〉이라는 그림에도 나와 있답니다. 교황
의 손짓은 황제에게 축복하는 의미라고 전해지지요.

교황과 황제는 왜 싸움을 멈추지 못했을까?

1. 카노사의 굴욕 이후, 상황은 어떻게 되었을까?
2. 교회는 과연 평화를 되찾았을까?

1

카노사의 굴욕 이후, 상황은 어떻게 되었을까?

드디어 '카노사의 굴욕' 사건의 마지막 재판 날이 되었다. 법정에 몰려든 사람들은 이 보기 드문 사건이 어떤 평가를 받으며 마무리될지 궁금해 하며 자리에 앉았다.

판사 자, 지금부터 신성 로마 제국의 황제였던 하인리히 4세가 제기한 사건에 대해 마지막 재판을 시작하겠습니다. 양측 변호인 중에서 어느 분이 먼저 시작하겠습니까?

이대로 변호사 판사님, 제가 먼저 시작하겠습니다.

판사 좋습니다.

이대로 변호사 이 신성한 법정 안에 계신 여러분, 지난 두 번의 재판에 걸쳐 나온 내용만 들으셨더라도 원고 측에서 고소한 내용이 얼

왜 하인리히 4세는 카노사에서 굴욕을 당했을까?

마나 터무니없는 것인지 잘 아셨을 것입니다. 오늘 저는 여러분의 생각이 틀리지 않다는 것을 더 확실하게 증명해 드리겠습니다.

신성 로마 제국의 황제였던 하인리히 4세는 교황 그레고리우스 7세를 찾아가서 용서를 빌었습니다. 교황은 황제를 가엾게 여겼기 때문에 자신이 내렸던 폐위와 파문령을 취소하고 원고를 사면해 준 것입니다.

그러나 그것이 엄청난 잘못임을 알기까지는 오랜 시간이 걸리지 않았습니다. 왜냐하면 황제는 얼마 지나지 않아 곧 본성을 드러냈거든요. ▶파문령이 풀려 모든 권력을 다시 쥐게 된 하인리히 4세는 복수의 칼날을 휘두르기 시작했지요. 자신의 반대편에 섰던 모든 사람들에게 말입니다. 이와 관련하여 원고에게 질문하고 싶습니다. 허락해 주시기 바랍니다.

판사 네, 좋습니다.

원고인 황제 하인리히 4세는 며칠간의 재판으로 인해 피로해서인지 얼굴이 초췌해 보였다.

이대로 변호사 오늘이 마지막 재판이군요. 원고는 피고가 사면을 해 주자 감사한 마음 없이 바로 반역을 꾀했습니다. 용서와 사면을 받았으면 백성을 잘 보살펴야지, 교황을 몰아낼 생각만 했다는 것이 말이 됩니까?

하인리히 4세 흠, 교황은 단순한 생각으로 큰 실수를 한

▶ 카노사의 굴욕 사건 이후, 교황이 황제의 파문령을 해제하자 하인리히 4세는 자신의 세력을 규합하여 다시 교황과 세력 다툼을 벌였습니다.

셈이었죠. 사람을 몰라도 너무 몰랐어요. 그런 굴욕과 수모를 당하며 내 심정이 어땠을지, 교황은 짐작이나 할 수 있었을까요? 그래요. 한 번 무릎을 꿇고 머리를 숙여서 나는 모든 것을 손에 넣었습니다. 나에게는 밑지는 장사가 아니었단 말입니다.

그리고 내가 마음을 독하게 먹은 데는 교황의 탓도 있었습니다. 나를 용서하고 사면해 주었으면 황제로도 인정해 주었어야지, 어떻게 제후들과 손을 잡고 나를 몰아내어 다른 사람을 황제의 자리에 앉힐 수 있단 말입니까?

판사 아니, 다른 황제를 뽑았다는 말인가요? 교황이?

이대로 변호사 판사님, 오해입니다! 그건 그레고리우스 7세가 한 일이 아닙니다. 하인리히 4세가 파문을 당했을 때 제후들이 새로운 황제를 선출한 것이었습니다. 그 일에 교황 그레고리우스 7세는 아무런 연관이 없습니다. 오히려 교황은 이러한 움직임을 미리 알고 원고에게 내려졌던 폐위령을 푼다는 편지를 독일 전역으로 보내 알렸지요!

하인리히 4세 하지만 교황이 슈바벤 공작인 루돌프 라인휄덴이라는 인물을 황제 후보로 선택한 것은 맞지 않습니까? 내가 움직이지 않았더라면 카노사에서 사면된 뒤, 곧바로 루돌프가 황제가 되었을 것입니다.

이대로 변호사 다시 한 번 강조하지만 그것은 제후들이 원한 것이지 교황의 뜻은 아니었습니다. 교황이 새로운 황제를 원했다면 카노사에서 원고를 용서해 주었겠습니까? 1077년, 새로운 황제를 선출하기 위해서 교황청 특사들과 제후들이 모임을 가졌습니다. 이 모임에서 제후들에 의해 루돌프가 새로운 군주로 선출되었고요. 신속한 황제의 선출만이 독일 왕국의 분열을 막을 수 있다는 결론이 났기 때문입니다.

하인리히 4세　피고 측 변호인이 말한 대로 이 회의에는 교황청 특사가 왔을 뿐, 교황 자신은 참석하지 않았습니다. 그런데 교황청 특사가 어찌 혼자 마음대로 움직일 수 있겠습니까? 교황청 특사가 회의에 참석을 하고 루돌프를 새로운 군주로 뽑은 것이 바로 교황의 뜻이라는 것이죠. 그러니까 교황은 이중적인 사람이란 말입니다. 나를 사면해 주면서도 뒤로는 제후들을 움직여서 새로운 군주를 뽑겠다는 것이 아닙니까?

이대로 변호사　흠, 교황의 명령으로 교황청 특사들이 파견되어 회의에 참석한 것은 사실이지만, 새로운 군주를 뽑은 것은 교황의 뜻이 아니었습니다. 교황 그레고리우스 7세는 새로운 군주를 선출할 경우 하인리히 4세와 충돌할 것을 알고 있었는데, 왜 그것을 부채질하겠습니까? 원고와 새롭게 선출된 루돌프 간의 분쟁을 해결하고자 중재에 나선 이가 바로 피고, 교황 그레고리우스 7세 아닙니까?

　물론 쉽지만은 않았습니다. 제후들은 자신이 선출한 루돌프를 군주로 받아들이고 있었고, 사면을 받은 하인리히 4세는 자신이 진정한 군주라고 주장하고 있었으니 하루도 조용한 날이 없었지요. 계속해서 전쟁이 일어났습니다. 그래서 이 혼란은 3년 정도 지속되었는데, 결국 원고는 교황인 그레고리우스 7세에게 다시 한 번 파문당했

사순절
그리스도교에서 부활절 전 40일 동안 몸과 마음을 깨끗이 하고 속죄하는 기간을 말합니다.

습니다. 자업자득이지요. 그렇지 않습니까?

하인리히 4세　　흠, 저 피고석에 앉아 있는 교황은 나에게 또 한 번의 치욕을 안겨 주었습니다. 나를 황제의 자리에서 또 한 번 내쫓은 것입니다. 1080년 사순절 회의에서 잊을 수가 없는 일이 일어났던 거죠.

이대로 변호사　　하지만 원고도 순순히 상황을 지켜보진 않았습니다. 피고가 1080년 사순절 회의에서 자신을 폐위하자, 원고는 브릭슨에서 종교 회의를 개최했지요. 다시 한 번 교황을 폐위하고자 말입니다!

"물고 물리는 싸움이었군!"

"그러게나 말이야. 두 사람은 정말 끝까지 한 치도 물러서지 않았구나."

방청석에 앉은 사람들이 한마디씩 거들었다.

이대로 변호사　　이 종교 회의에서 원고는 교황 그레고리우스 7세가 '신성을 모독한 위증자이고 사람들을 홀리는 이단'이라고 말했습니다. 그리고 신성한 교회법을 어겼으므로 교황 그레고리우스 7세를 폐위하겠다고 선포했지요. 자신을 용서해 준 교황의 뒤통수를 제대로 친 것이지요.

그러고 나서 교황 그레고리우스 7세를 폐위시키고 라벤나의 주교 귀베르트를 클레멘트 3세 교황으로 선출했습니다. 원고 이 내용을 인정합니까?

하인리히 4세　교황이 교회법을 어겼으면 그 자리에서 물러나는 것이 옳다고 생각합니다. 먼저 싸움을 걸어 온 것은 교황 그레고리우스 7세와 그 교황을 지지하는 몇몇 제후들이었습니다. 그리고 성직자를 임명하는 권한이 황제인 내게 있다는 것을 아직도 모르십니까? 나는 내 할 일을 한 것뿐입니다. 결국 그 이후 전쟁에서 우리는 더욱 치열하게 맞붙었지요.

판사　자자, 이러다 끝이 없겠군요. 피고 측 변호인은 어서 상황을 정리해 주세요.

이대로 변호사　네, 판사님. ▶결국 신성 로마 제국은 황제를 지지하는 세력과 교황을 지지하는 세력으로 갈라져 내전 상태에 빠졌습니다. 게다가 황제는 군대를 일으켜 교황이 있는 로마를 넘보기 시작했고요. 1081년과 1082년, 황제는 로마와 로마 시민을 위협했고, 결국 1083년 4월에 황제와 교황은 큰 전쟁을 하게 되었습니다.

　이 전쟁에서 교황 그레고리우스 7세는 자신의 봉신이었던 이탈리아 남부의 노르만 공작에게 군대를 파견할 것을 요청하여 이 전쟁에 참여하도록 했습니다. 그래서 마틸다 백작 부인이 이끄는 군대와 함께 이들의 도움으로 교황 편이 전쟁에서 승리를 거두게 되었습니다.

판사　교황이 승리했다고요? 그러면 이후 상황은 어떻게 되었나요?

이대로 변호사　　하지만 이 전투 과정에서 교황 쪽 군인인 노르만 군인들이 로마를 강탈하고 파괴하여 로마 시민의 분노가 매우 컸습니다. 그래서 전쟁에 승리했음에도 불구하고 교황 그레고리우스 7세는 이에 대한 모든 책임을 지고 로마를 떠나기로 결심했지요. 한마디로 원고 하인리히 4세는 시민을 혼란과 불안에 떨게 만들었고, 마지막에는 전쟁이라는 극단적인 방법을 택해 권력을 손에 넣었습니다.

김딴지 변호사　　판사님, 피고 측 변호인은 전쟁의 책임을 원고에게만 떠넘기고 있습니다!

이대로 변호사　　저의 변론을 끝까지 들어 주시기 바랍니다. 피고인

　　왜 하인리히 4세는 카노사에서 굴욕을 당했을까?

교황 그레고리우스 7세는 전쟁에서 이겼어도 그에 대한 책임을 지고 망명을 떠났습니다. 그리고 이후에도 개혁 시노드를 개최하는 등 1085년에 병에 걸려 사망하기까지 개혁 교황으로 지속적으로 활동했습니다.

판사 알겠습니다. 지금까지 원고 황제 하인리히 4세와 피고 교황 그레고리우스 7세가 서로가 원하는 황제와 교황을 선출하며 대립하다가 결국 신성 로마 제국을 내전으로 이끌고 분열시킨 것에 대해 살펴보았습니다. 이 점에 대해서는 두 분 모두 할 말이 없을 것이라고 생각합니다.

자, 지금까지는 교회 밖의 상황으로, 교황과 황제 사이의 갈등을 들어 봤는데요. 그런데 듣자 하니 교회 안에서도 교황과 성직자 간에 갈등이 있었다고 합니다. 마지막으로 이 점에 대해서 짚고 넘어갔으면 합니다.

중세 유럽에서는
어떤 예술 양식이 발전했을까?

성 비투스 성당의 스테인드글라스

유럽의 성당을 보면 하늘을 찌를 듯이 높이 솟은 첨탑과 눈부시게 화려한 빛깔로 아름답게 수놓아진 스테인드글라스를 볼 수 있습니다. 이는 유럽 중세 시대에 지어진 것인데, 이러한 양식을 '고딕(Gothic) 양식'이라고 한답니다. 그런데 중세 유럽 사람들은 왜 이런 모양의 성당을 지었을까요?

최초의 고딕 양식은 12세기 경, 프랑스에서 나타났습니다. 유럽인은 성당의 창문에 성경의 이야기나 성인의 일대기를 그림으로 새겨 아름다운 스테인드글라스를 만들었지요. 당시 글을 모르던 신도들에게 성서의 내용을 알기 쉽게 전해 주기 위해서였습니다. 또한 '신은 빛이다'라는 생각이 들 만큼 환상적인 색깔의 창문을 만들어 성당에 들어오는 사람들에게 신의 은총이 주는 황홀함을 경험하도록 했습니다.

높이 솟은 건물은 신이 계신 하늘로 더욱더 가까이 가려는 당시 사람들의 마음을 표현한 것이지요. 그들은 신에 의해 창조된 모든 것은 신에게 돌아가야 한다는 생각을 바탕으로, 더욱더 높이 신에게 닿기 위해 고딕 양식을 발전시켰답니다.

교회는 과연 평화를
되찾았을까?

김딴지 변호사　　네, 판사님, 그건 제가 말씀드리겠습니다. 앞에서도 언급됐듯이 교황 그레고리우스 7세는 1075년에 27개조의 교황 법령을 선포했습니다. 그리스도교 사회에서 새롭게 추구할 앞날의 모습을 제시한 것이라고 보면 되겠습니다. 교황은 자신의 이러한 뜻이 체계적이고 지속적으로 실현되도록 여러 교회 제도를 개혁했지요.

　　그러나 교회 개혁에 반대하는 교회 내부의 주교들도 많았습니다. 황제만 반대했던 게 아니었단 말이지요! 이번에는 교황 그레고리우스 7세와 사사건건 부딪쳤던 랭스의 대주교 마나세스를 증인으로 신청해 당시 상황을 들었으면 합니다.

판사　　증인 마나세스 랭스 주교는 앞으로 나와 선서해 주십시오.

마나세스 주교　　선서! 진실만을 말할 것을 맹세합니다.

김딴지 변호사   증인은 1069년부터 리옹 종교 회의에서 폐위되는 1080년까지 랭스의 대주교직을 맡았습니다. 맞습니까?

마나세스 주교   네, 맞습니다.

김딴지 변호사   증인은 교황 그레고리우스 7세가 파견한 교황청의 특사에게 강력하게 저항했던 주교로 유명합니다. 왜 교황이 파견한 교황청 특사를 인정하지 않은 것입니까?

마나세스 주교   그레고리우스 7세 교황이 주장하는 것들이 역대 교황들과 너무도 달라서 나는 그의 말을 따를 수 없었습니다. 그레고리우스 7세 교황은 자신의 특사를 지역 교회에 보내 우리를 통제하려 했답니다.

나는 교황이 계시는 로마 교회가 다른 지역 교회들 나름의 특권을 인정하고 보호해 주어야 한다고 생각했습니다. 그러나 그레고리우스 7세 교황은 각 지방에 있는 교회의 주교들의 특권을 인정하지 않았습니다. 교황을 중심으로 모든 성직자들과 주교들을 한 줄로 세우고는 반드시 교황의 명령을 따르라고 했습니다. 어떻게 교황이 주교들을 하급 관리처럼 다루고 명령하려고 한단 말입니까?

이대로 변호사   이의 있습니다! 교황은 성직자와 주교들을 하급 관리처럼 취급하지 않았습니다. 오히려 로마 교회는 각 지방의 교회와 백성을 보듬어 주는 교회의 어머니로서 활동했습니다.

마나세스 주교   글쎄요? 그 시절을 직접 살았던 내가 보기엔 그렇지 않았습니다. 교황 그레고리우스 7세는 주교들의 권리를 파괴하고, 모두가 교황에게 복종하기를 원했으며 이것을 어길 시에는 **파직**

도 서슴지 않았습니다. 교황이 아니라 폭군이었지요.

이때 그레고리우스 7세가 손을 들며 발언을 요청했다.

파직
관직에서 물러나게 하는 것을
말합니다.

그레고리우스 7세　　　그렇지 않습니다. 내가 설명하죠. 당시 프랑스
에 있었던 셍스와 랭스의 대주교들은 이미 막강한 권력을 손에 쥐고
있었습니다. 이들은 그 지역의 제후들과 긴밀한 관계를 맺고 있었기
때문에 교황인 나의 명령을 거부하기도 했지요. 교회의 최고 수장인
교황이 지역 교회의 주교들을 통제하지 못한다면 어떻게 교회를 효

율적이고 체계적으로 이끌어 갈 수 있겠습니까? 그럴 수는 없었습니다. 나는 교황 중심의 탄탄한 교회 정부를 만들어 강력한 지도력을 발휘하려 했습니다. 그래서 나는 교황의 명령에 모든 성직자들이 복종하기를 요구했던 것입니다.

그리고 특사 얘기가 나와서 말인데, 이러한 나의 개혁을 실현하기 위해서는 먼저 종교 회의에서 내려진 결정을 여러 지역에 속히 알리고 책임 있게 수행할 수 있는 교황 특사 제도를 발전시켜야 했습니다. 그러니 이것을 따르지 않는 주교는 파직할 수밖에요.

마나세스 주교　하지만 우리 입장은 달랐습니다. 이미 전통적인 관행으로 내려오던 자율적인 주교 권한을 교황에게 완전히 갖다 바쳐야 한다는 그레고리우스 7세의 주장을 나는 도저히 이해할 수 없었습니다. 이는 랭스 교회의 오랜 전통을 없애려는 거나 마찬가지이기 때문입니다. 그렇기 때문에 교황 그레고리우스 7세가 파견한 교황청 특사를 받아들일 수 없었던 거지요.

김딴지 변호사　그런데 증인, 제가 조사한 바에 따르면 증인은 교황 그레고리우스 7세에게 세 통의 편지를 보냈다고 합니다. 랭스 교회의 전통적인 권리에 대해 인정해 줄 것을 요구하는 편지였지요. 그리고 결국 이 편지 때문에 그레고리우스 7세에게 파직당했습니다. 맞습니까?

마나세스 주교　네, 맞습니다. 나는 그레고리우스 7세에게 맞섰다가 1080년 리옹 종교 회의에서 파직당했습니다. 너무도 억울한 일이 아닐 수 없습니다. 우리 교회의 전통을 인정해 달라는 것이 내가 파직을 당해야 할 만큼 크나큰 죄입니까?

김딴지 변호사   그러게나 말입니다. 증인을 파직한 것은 교황의 지나친 월권이라고 생각합니다.

월권
자기 권한 밖의 일에 간섭하는 것을 말합니다.

마나세스 주교   교황 그레고리우스 7세가 보낸 특사는 주교들을 마음대로 휘둘렀습니다. 교황의 특사가 대체 무엇이기에 우리 주교들에게 이런 치욕을 준단 말입니까?

그레고리우스 7세   잠시만요! 마나세스 주교가 속상해 하는 건 충분히 이해합니다. 하지만 나는 성서 구절을 인용했을 뿐입니다.

김딴지 변호사   그게 뭐였죠?

그레고리우스 7세   「사무엘」상 25장 22절에서 23절에 나오는 말씀으로, "복종은 희생 제물보다 더 나은 것이며, 귀 기울이는 것이 기름진 숫양을 드리는 것보다 나은 일이다"는 부분을 인용했지요.

김딴지 변호사   그 말을 들으니 더 확실히 알겠군요. 피고가 얼마나 강압적으로 지역 성직자들의 복종을 요구했는지 말입니다! 피고는 다양한 교회의 특성을 보호하기 보다는 교황에게 모든 힘이 실리도록 했지요. 이것이 피고가 말한 교회의 개혁인 것입니다. 그렇지 않습니까?

이대로 변호사   판사님, 원고 측 변호인은 억지를 부리고 있습니다. 교황 그레고리우스 7세는 교회의 개혁을 이루기 위해 특사들을 파견하여 그리스도교 사회 전역에 정의로움을 실현하고자 했던 것입니다. 개혁을 이루고자 했던 교황의 정신을 널리 알리기 위해서는 교황 직속의 특사들이 반드시 필요했고, 이들의 명령을 각 주교들이 불평 없이 따라 줄 때만이 교회를 개혁할 수 있는 것입니다.

존경하는 판사님과 배심원 여러분, 피고석에 앉아 있는 교황 그레고리우스 7세는 자신의 권좌를 위해 싸운 사람이 아닙니다. 교회의 낡은 모습을 새롭게 바꾸고자 노력한 사람입니다. 피고는 앞으로 수백 년 동안 중세 사회가 나아가야 할 새로운 미래상을 보여 주고 교회의 제도 개혁을 이끌었습니다.

원고 하인리히 4세 황제와 갈등했던 '카노사의 굴욕' 사건도 이와 같은 노력 중에 발생한 일이었습니다. 새로운 세상을 위해서는 낡은 것을 버려야 하는 아픔이 반드시 따릅니다. 그 아픔이 두렵다면 그냥 주저앉아 있어야 하겠지요. 교황 그레고리우스 7세는 교회의 개혁을 이루고자 편한 길을 마다한 분입니다. 그런 분에게 돌을 던져서야 되겠습니까?

판사 원고 측 변호인은 마지막으로 할 말이 없습니까?

김딴지 변호사 피고인 교황 그레고리우스 7세는 모든 것의 중심을 교황 자신으로 삼고, 고위 성직자들을 자신의 아래에 복종하도록 했습니다. 이는 세속 군주와 다를 바가 없지요. 그리고 파문당한 황제 하인리히 4세에게 충성을 보인 주교들을 용서 없이 파문하고 내쫓았습니다. 이것은 엄연한 직권남용입니다. 비도덕적으로 일을 처리하는 교황이 과연 올바른 판단을 내릴 수 있는지 의심이 됩니다.

판사 알겠습니다. 오늘 마지막 재판에서는 원고 하인리히 4세 황제와 피고 그레고리우스 7세 교황의 끝나지 않는 싸움에 대해 살펴보았습니다. 서로를 폐위하고 파문하려는 갈등 속에 내전이 심화되었군요. 아직도 양측의 입장이 팽팽히 맞서고 있지만 시간이 다 되어 이것으로 재판을 마치고자 합니다. 잠시 휴정한 뒤, 양측의 최후 진술을 듣도록 하겠습니다.

땅, 땅, 땅!

다알지 기자

안녕하십니까? 시청자 여러분! 빛보다 빠른 뉴스, 역사공화국 법정 뉴스의 다알지 기자입니다. 오늘은 신성 로마 제국의 황제 하인리히 4세와 교황 그레고리우스 7세의 재판 마지막 날이었습니다. 다른 어느 재판보다도 치열하고 날이 선 공방이 펼쳐졌는데요, '카노사의 굴욕' 사건 이후, 황제와 교황의 끊이지 않던 대립과 교회 내의 갈등을 다루며 재판이 마무리되었습니다. 원고와 피고 측 모두 배심원단의 마음을 사로잡기 위해 끝까지 뜨겁게 변론하는 모습이 매우 인상적이었고요. 두 분 변호사를 모시고 이번 재판을 마치는 소감을 한번 들어 보겠습니다!

김딴지 변호사

　안녕하십니까? 그동안 세 번에 걸친 재판
을 끝까지 지켜봐 주신 여러분께 감사드립니다.
지난 재판을 통해 저는 당시 교황이던 그레고리우스
7세가 자신의 정치적 야망을 위해 하인리히 4세 황제를 얼마나 압박
했는지 충분히 알렸다고 생각합니다. 교황의 이런 고집 때문에 끊임없
는 내전과 교회 내부의 분란이 일어나는 등 사회가 혼란스러워졌다는
점도 잘 설명해 드렸고요. 제가 신청한 증인, 마나세스 랭스 주교가 나
와 이를 잘 설명해 주었지요. 그동안 하인리히 4세의 변호를 맡으며 정
신없이 달려왔지만 그래도 아쉬움은 남습니다. 하지만 이번 재판에서
반드시 승리할 것을 믿어 의심치 않습니다.

이대로 변호사

휴, 어느덧 마지막 재판을 모두 마쳤군요. 하인리히 4세가 겨울날 맨발로 교황에게 무릎 꿇고 빌었던 점을 들며 원고 측이 아무리 동정표를 얻으려 해도 역사적 진실은 변하지 않을 겁니다. 그리고 모두들 하인리히 4세가 얼마나 영악하게 처신했는지도 이제는 잘 아시리라 생각합니다. 용서를 구하는 황제를 가엾게 여겨 교황은 황제에게 내렸던 폐위와 파문령을 취소하고 사면해 주었지만, 황제는 오히려 복수의 칼날을 갈았습니다. 내전을 일으켜 사회를 혼란에 빠뜨린 것이지요. 반면 피고, 그레고리우스 7세는 평생을 교회 개혁을 위해 몸 바쳤음을 알 수 있었습니다. 이런 상황에서 과연 누가 최후의 승자일까요? 판결이 기대됩니다. 하하.

왜 하인리히 4세는 카노사에서 굴욕을 당했을까?

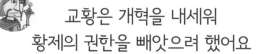

교황은 개혁을 내세워
황제의 권한을 빼앗으려 했어요
VS
세속 권력으로부터 자유로운 교회를
추구했을 뿐입니다

판사 자, 마지막으로 당사자의 목소리를 직접 들어 볼까 합니다. 최후 변론을 통하여 여러분의 진심 어린 마음을 마지막으로 전해 주기 바랍니다. 그럼, 원고 측 황제 하인리히 4세는 먼저 변론해 주십시오.

하인리히 4세 존경하는 판사님, 그리고 배심원 여러분, 나는 억울하고 비참한 심정으로 처음 이 자리에 섰습니다. 여러분도 알다시피 나는 신성 로마 제국의 황제였습니다. 나는 진심으로 내 나라와 백성을 사랑하고, 교회의 성직자를 존중하는 사람입니다. 그리고 성직자의 임명은 예로부터 황제나 군주의 몫이었습니다. 왜 그럴까요? 교회를 대표하는 그들도 결국은 나라의 시민이었기 때문입니다.

교회의 개혁. 물론 좋은 말입니다. 당연히 옳지 않은 부분이 있으

면 고쳐 나가야지요. 하지만 교회 개혁의 첫 단추로 성직자 서임권을 내세우면서 황제가 성직자들을 임명하지 못하게 하는 것은 교회 개혁을 위한 일이 아니었습니다. 단지 황제의 권한을 약하게 만들어 결국은 교황이 황제보다 높은 위치에 서겠다는 것이었죠. 그레고리우스 7세 교황은 교회 개혁이라는 명분을 앞세워 실제로는 황제인 나의 모든 세속적인 권한을 빼앗으려 했습니다.

존경하는 판사님과 배심원 여러분, 나는 황제의 모든 권한을 빼앗길까 봐 이 자리에 선 것은 아닙니다. 교황에게 무릎을 꿇고 사죄

왜 하인리히 4세는 카노사에서 굴욕을 당했을까?

를 한 것이 부끄러워서 복수하려는 마음에 이 자리에 선 것은 더더욱 아닙니다. 나는 여러분에게 알리고 싶습니다. 많은 문제를 안고 있었던 교회를 새롭게 변화시키고자 교황이 개혁의 칼을 든 것이 아니라, 교황의 정치적 야망을 이루기 위해 개혁이라는 미명 아래 황제를 굴복시키려 했다는 점입니다. 여러분, 진실은 하나입니다. 바른 판단을 하기 바랍니다.

그레고리우스 7세　　판사님과 배심원 여러분, 긴 시간을 통해 여러분은 진실이 무엇인지 아시게 되었으리라 생각합니다. 사실 나는 정치적 야망은 꿈에도 생각해 보지 못했습니다. 나는 단지 교회의 종일 따름입니다. 하지만 내게는 이 땅에 그리스도교 사회를 실현해보자는 야심찬 계획이 있었습니다. 모든 이가 하느님의 말씀을 따르며 하느님의 법에 따라 행복하게 살아가는 세상 말입니다.

이러한 세상을 만들기 위해서는 사회의 전반적인 개혁이 필요했습니다. 나는 세속 권력으로부터 자유로운 교회를 추구했을 뿐입니다. 그래서 나는 황제 같은 세속인이 성직자를 뽑는 것을 금지했습니다. 이러한 서임권 투쟁은 교회 개혁의 중요한 부분으로, 교황 중심적인 교회 정부를 확립하기 위해서는 반드시 겪게 될 사건이었습니다. 그동안 세속 권력에 의해 좌지우지되던 주교 서임을 교회 내부의 교황이 함으로써 교회 임무에 적합한 인물을 선출할 수 있게 된 것입니다.

더욱이 교황은 교회 조직 및 교회 정부의 최고 수장일 뿐만 아니라 그리스도교 사회의 최고 주권자입니다. 그래서 나는 황제, 봉건 제후, 주교들을 교황에게 복속시켰던 것입니다. 이는 황제 역시 그리스도교도인 한, 그리스도교적 정의와 법률의 지배를 받아야 한다는 나의 의지를 반영한 것이었지요. 결국 하인리히 4세 황제와 갈등을 일으켜 '카노사의 굴욕' 사건을 역사에 남겼지요. 그런데 나의 이러한 개혁 조치들은 교회 내에서조차 반대 세력의 저항을 받았습니다.

그렇지만 가야 할 길이 힘들고 어렵다고 해서 그냥 주저앉아 포기할 수는 없습니다. 옳은 일은 해야 함을 우리의 스승이신 예수님은 몸소 가르쳐 주셨습니다. 나는 그분의 일을 대신하는 사람이므로 그분의 가르침을 실천하는 것은 당연한 일입니다. 부디 내가 권력에 눈이 멀어 나의 욕심을 채우기 위해 그런 행동을 했다고는 생각하지 말아 주십시오. 이상입니다.

판사　서로 간에 예의를 지켜 준 원고 측과 피고 측 모두 수고 많으셨습니다. 그리고 한결같은 배심원 여러분에게도 감사를 드립니다. 배심원단의 의견은 4주 후에 나에게 전달될 예정입니다. 나는 배심원 여러분의 의견을 참고하여 판결서를 공개하겠습니다. 그때까지 여러분도 이 사건에 대해 각자 판결을 내려 보기를 바랍니다. 이것으로 재판을 마치겠습니다.

　땅, 땅, 땅!

　왜 하인리히 4세는 카노사에서 굴욕을 당했을까?

역사공화국 세계사법정 재판 번호 19 하인리히 4세 VS 그레고리우스 7세

주문

역사공화국 세계사법정은 황제 하인리히 4세가 교황 그레고리우스 7세를 상대로 제기한 직권 남용과 명예훼손에 대한 손해배상 청구를 기각한다.

판결 이유

신성 로마 제국의 황제인 원고 하인리히 4세는 교황 그레고리우스 7세가 행한 교회 개혁이 황제권을 크게 침범한다고 여겨 이의를 제기하였다. 그러나 교황 그레고리우스 7세 측의 방대한 근거 제시와 설득력 있는 주장에 비해 황제 하인리히 4세 측의 주장은 근거가 부족하여 이를 기각한다.

원고와 피고의 갈등을 단지 권력 투쟁으로만 볼 수는 없다. 당시 사회를 개혁하고자 하는 목소리는 이미 오래전부터 있어 왔고 이미 원고의 부친이었던 황제 하인리히 3세도 교회 개혁을 주도하였다. 이러한 시대적 요청에 부응한 교황 그레고리우스 7세는 교황의 힘을 강화하는 개혁을 적극적으로 시도하였다. 특히 성직자 서임권을 누가 갖느냐는 중요한 문제가 되어 결국 '카노사의 굴욕' 사건이 일어났다.

그러나 이 사건은 교황과 황제 모두에게 얻은 것과 잃은 것이 있는 큰 사건이었다. 하인리히 4세에게는 수치스럽지만 황제로 다시 복귀할 수 있는 계기가 되었으며, 교황에게는 속죄하는 어린 양을 감싸 안은 관용을 베푼 것이라 볼 수 있었다. 그러나 교황 그레고리우스 7세는 정치적인 측면에서 얻은 것이 없었다. 이후 복귀한 하인리히 4세와 이에 반발하는 제후들 사이에 전쟁이 일어났고 결국 황제와 교황 간에 또 한 번의 파문과 폐위령이 내려졌기 때문이다. 전쟁은 계속되고 마침내 그레고리우스 7세는 살레르노로 망명하여 사망하기에 이른다. 그레고리우스 7세의 교회 개혁은 실패한 듯 보인다. 그러나 그의 개혁 운동은 다음 교황들에 의해 지속적으로 실천되어 이후 서구 사회를 이끄는 주요한 교회 이념이 되었고, 본 법정은 이 점을 높이 평가한다.

　　따라서 본 법정은 원고 하인리히 4세가 자신이 왜 선왕들이 지니던 성직자 서임권을 더는 지니지 못하게 되었는지에 대해 당시 시대적 상황을 냉철히 생각해 보기를 바라고, 피고 역시 교회 개혁을 단행함에 있어 보다 폭넓은 지지를 확보하지 못해 피해를 끼친 사람들을 위해 봉사와 기도하는 시간을 가질 것을 권고한다.

역사공화국 세계사법정 담당 판사 명판결

"교황 그레고리우스 7세의 개혁이
중세 교회의 발전을 이끌었다고요?"

    김딴지 변호사는 지그시 감고 있던 눈을 힘겹게 떴다. 벌써 날이 어둑어둑해져 왔다. 저녁이 되어도 대지를 달구었던 뜨거운 열기는 사그라지지 않았다.

    "그런데, 김 변호사님. 교황 그레고리우스 7세와 하인리히 4세는 그 후에 어떻게 되었나요? 많이 궁금해요."

    "그러니까 공부를 좀 해. 게임만 하지 말고."

    "앞으로 열심히 공부를 할 테니 좀 알려 주세요. 어떻게 되나요?"

    "황제 하인리히 4세는 교황 그레고리우스 7세를 폐위하고 다른 교황을 지명하는데, 그 교황이 클레멘스 3세야. 드디어 그 교황은 1084년 3월 31일에 하인리히에게 황제의 관을 씌워 주었지. 그리고 교황 그레고리우스 7세는 살레르노에서 약 1년간 망명 생활을 하다가 그곳에서 죽음을 맞이하게 되고, 황제 하인리히 4세는 그의 아들인 하인리히 5세에 의해 비참한 최후를 맞이했단다."

나먹보는 눈을 동그랗게 뜨고 물었다.

"아들에 의해서요?"

"응. 아들인 하인리히 5세는 자신의 왕위를 확보하기 위해서 귀족들과 동맹을 맺고 아버지인 하인리히 4세를 황제의 자리에서 끌어내렸지. 겉으로 보기에는 자발적인 퇴위인 것처럼 보였지만, 실은 아들에 의해서 강제로 쫓겨난 것임을 누구나 알 거야. 결국에는 하인리히 4세도 리에주에서 갑자기 죽었다고 하더라."

"와, 너무 무섭네요. 황제의 자리라는 것이 그런 것인가요, 아니면 권력이라는 것이 그런 것인가요? 그 자리를 차지하기 위해서는 부모와 자식의 관계도 다 필요 없네요."

"비정한 것이 바로 권력이겠지. 아마 인간의 욕심이 그런 모습일 거야. 한 사람은 비록 쫓겨나 망명 생활 도중 쓸쓸하게 죽음을 맞이했지만, 지금까지도 교회 개혁을 위해서 애쓴 분으로 추앙받고 있고, 한 사람은 황제의 자리에 있었지만, 자신의 아들에 의해서 처참하게 죽어 갔으니 누구의 삶이 더 나은 것일까?"

"갑자기 철학적인 문제로 바뀌네요. 김 변호사님. 배 안고프세요? 저는 조금 배가 고픈데, 저녁 먹으면서 계속 이야기해 주시면 안 돼요?"

"그래, 밥 먹으러 가자. 먹기 위해서 사는 것인지, 살기 위해서 먹는 것인지 이 문제를 한번 생각해 보자꾸나. 가자."

"아, 그러면 그레고리우스 7세의 서임권 투쟁으로 어떤 결과가 나타났나요?"

"이 논쟁은 이후 약 50년간이나 다음 교황과 황제에 의해 지속되다가 1122년 보름스 협약으로 일단락되었어. 황제 하인리히 5세와 교황 칼릭투스 2세 사이에 매우 절충적인 방식의 협의가 있었지. 성직자 서임은 일단 황제가 아닌 교회에서 교황이 하는 것으로 결정난 거지. 하지만 신성 로마 제국의 영토 안에서 경합이 붙은 성직자 선출일 경우, 황제의 몫을 인정받는다는 단서 조항이 붙게 되었지.

사실 교황 그레고리우스 7세가 그리스도교 사회를 이 땅에 실현하기 위해 영적인 권한뿐만 세속적 권한까지도 주장한 건 사실이야. 그리고 결국 황제와의 서임권 투쟁을 통해 중요한 세속적 권한을 교황의 권한으로 만드는 데 성공했다고 볼 수 있지. 이후 교황들은 이러한 그레고리우스 7세의 뜻을 계속 받들어 그레고리우스 7세가 못다 이룬 교회 개혁을 이후에도 발전시켜 나갔어. 이 개혁은 중세 교회의 제도화와 교회법 발전에 중요한 영향을 끼쳤고, 오늘날의 학자들은 이를 '그레고리우스의 개혁'이라 일컬으며 이를 서구 4대 혁명에 버금가는 개혁으로 평가하고 있단다."

"이야! 김 변호사님. 존경합니다. 정말 많이 아시네요! 전 이게 그렇게 대단한 사건인지 꿈에도 생각 못 했어요. 그럼, 이 사건의 최종 승자는 그레고리우스 7세로 봐도 될까요?"

"흠흠……. 글쎄, 누구일까? 너는 왜 그렇게 생각하니?"

"음, 당시에는 하인리히 4세가 이긴 것 같았어요. 결국 교황을 로마에서 내쫓고 황제의 관을 쓰는 데 성공했잖아요. 그런데 대략 50년이 지나 그 사건의 결과를 보면 최종 승자는 역시 교회 개혁을 이끈 교황 그레고리우스 7세인 것 같아요. 제 생각이 맞나요?"

"황제 하인리히 4세는 역사공화국 세계사법정에 교황 그레고리우스 7세를 명예훼손과 직권 남용으로 고소했지. 그런데, 법정은 이를 기각하고 말았어. 왜냐하면 교황 그레고리우스 7세의 개혁이 중세 역사 속에서 매우 중요한 개혁으로 높이 평가받고 있기 때문이야.

방금 네가 얘기했듯이 하인리히 4세는 그때 교황을 이겼다고 기뻐했을지도 몰라. 그레고리우스를 내쫓고, 자신은 황제의 관을 썼으니 말이야. 그러나 오늘날 역사가들은 그레고리우스 7세의 손을 들어 주었다고 볼 수 있어. 그레고리우스의 개혁적 토대가 이후 중세 내내 그 틀을 유지하면서 교회와 중세 사회를 지속적으로 발전하도록 했기 때문이란다."

"고맙습니다. 김 변호사님, 이제는 그레고리우스의 개혁으로 인한 이후 중세 교회의 발전상이 더욱 궁금해지네요. 이에 관해서는 저녁을 먹으면서 자세히 말씀해 주세요. 감사합니다."

로마의 성 베드로 성당

오늘날에도 전 세계의 순례객들이 가장 많이 찾는 곳이 바로 로마에 있는 성 베드로 성당입니다. 고대 로마 제국 시기에 네로 황제는 그리스도교도를 박해했어요. 그 박해로 교회는 많은 순교자를 낳게 되는데, 그중 대표적인 인물이 12사도 가운데 한 사람이던 성 베드로와 '이방인들의 사도'라고 알려진 성 바오로였어요. 기원 후 64년 경 베드로 사도는 바티칸 언덕에서 십자가에 거꾸로 매달려 순교하였지요. 이후 그곳에 '성 베드로 구 성당'이라고 불리는 성당이 세워지게 되었답니다.

이후 중세 시기 동안 로마, 예루살렘, 산티아고 데 콤포스텔라는 3대 순례지로 많은 유럽인의 발길이 끊이지 않았어요. 그러나 14세기에 교황청의 '아비뇽의 유수' 사건 이후 다시 로마로 돌아간 교황들은 그동안의 낡고 허물어진 교황청을 새롭게 건축하게 됩니다. 그리하여 당대 르네상스 시기의 최고 예술가인 미켈란젤로, 라파엘로, 브라만테 등을 불러들여 오늘날의 거대하고 아름다운 건축물인 성 베드로 성당을 짓게 된 것이에요. 그러나 이러한 건물은 많은 건축 비용을 필요로 하였고, 이는 결국 마르틴 루터의 종교 개혁의 빌미가 되기도 했답니다.

tip!

일반적으로 중세기의 많은 예술가들은 성 베드로를 표현할 때 손에 열쇠를 들고 있는 모습으로 그렸습니다. 이 모습은 마태오 복음서 16장의 말씀에 근거했는데요. 예수 그리스도가 베드로에게 죄에 대한 묶고 푸는 권한을 주어 천국의 문을 지키게 했다는 것에서 유래한 것이랍니다.

성 베드로 성당

성 베드로 청동상

『역사공화국 세계사법정 19 왜 하인리히 4세는 카노사에서 굴욕을
당했을까?』와 관련한 논술 문제를 풀어 봅시다.

※ 다음 제시문을 읽고 물음에 답하시오.

교황은 가톨릭교회의 최고 지도자
이자 로마의 주교예요. 성서에 따르면
예수 그리스도는 12명의 사도 가운데
베드로에게 특별한 권한을 주었는데,
이 권한으로 베드로는 로마 교회의 제
1대 교황이 될 수 있었지요. 교황은 파
파(papa)라고 불리는데 이는 아버지라
는 뜻이며, 교황이 된다는 것은 베드로
의 후계자가 되는 것을 의미합니다.

교황의 모습

교황의 직위는 종신제로 교황이 사망하면 새로운 교황을 뽑게
됩니다. 교황 선출은 추기경단의 콩클라베(교황 선출 비밀회의)에서
하게 되는데 전 세계에서 모인 추기경 중 3분의 2 이상의 지지표
를 얻어야 해요. 이때 교황 선출을 알리는 방식이 독특한데, 시스
틴 성당의 굴뚝에서 검은 연기가 나오면 부결된 것이에요. 반대로
흰 연기가 나오면 새로운 교황이 선출된 것이랍니다.

1. 위의 내용은 교황에 대한 설명이에요. 이 내용을 읽고 교황은 어떤 사람이며, 어떻게 선출되는지 설명해 보세요.

※ 다음 제시문을 읽고 물음에 답하시오.

(가) 나는 황제 하인리히 4세요. 어린 나이에 왕위에 올라 억울한 일을 많이 당했지요. 특히 교황 그레고리우스 7세가 나를 폐위, 파문하여 나는 추운 겨울날 가족을 이끌고 카노사 성에 가서 교황에게 무릎을 꿇었습니다. 그리하여 나는 위엄 있는 황제의 역사에 오점을 남긴 인물이 되었지요. 교황이 나를 폐위, 파문한 이유가 내가 주교들을 임명했기 때문이라 하더군요. 이는 신성 로마 제국의 황제였던 내 아버지와 선조들이 해오던 일이었습니다. 그런데 이것이 내가 잘못한 일이란 말입니까?

(나) 나는 교황 그레고리우스 7세입니다. 사람들은 나를 교회 개혁가라고 부르지요. 역사에는 신성 로마 제국의 황제를 무릎 꿇린 교황으로 남아 있고요. 나는 일찍이 세속을 떠나 수도승이 된 사람으로 세속 권력에는 관심이 없었어요. 다만 그동안 잘못되어 온 악습을 바로 잡아 이 땅에 크리스트교 왕국을 실현하려는 목표를 가지고 있었지요. 주교를 임명하는 권한은 초대 교회 때부터 교회의 일이었답니다. 세속 정치권이 관여할 일이 아니었어요. 나는 교회를 정화하여 초대 교회로 돌아가고자 하는 열망을 실현시키고자 한 것뿐이지, 통치권자로서 군림하려 한 것이 아니랍니다.

왜 하인리히 4세는 카노사에서 굴욕을 당했을까?

2. (가)는 신성 로마 제국의 황제 하인리히 4세의 입장이고, (나)는 교황 그레고리우스 7세의 입장이에요. (가)와 (나)를 읽고, 한쪽을 선택해서 지지하는 의견을 쓰세요.

해답 1 교황은 예수 그리스도의 12 사도 가운데 으뜸 사도인 성 베드로를 이어받은 사도의 후계자로서 교회의 최고 어른이에요. 따라서 교황은 전 세계 크리스트교도의 아버지이며 현세 교회의 큰 목자로서 신자들을 잘 키우고 보살필 책임과 의무를 지니고 있어요.

새로운 교황의 선출은 교황이 사망하여 공석이 되었을 때 콩클라베에서 선출되는데, 이 회의에 참석한 추기경의 3분의 2 이상의 찬성표를 얻어야 합니다. 이때 많은 일반 신자들은 콩클라베가 열리는 시스틴 성당의 굴뚝에서 연기가 나오기를 기도하면서 지켜보게 되지요. 굴뚝에서 나오는 흰 연기가 교황의 선출을 알려주는 신호입니다.

해답 2 교황 그레고리우스 7세의 입장을 지지합니다. 교황이 자신의 개인적인 욕심 때문에 황제를 벌주었거나 괴롭혔다면 그건 비난받아야 해요. 하지만 교황은 부패한 교회를 바로 잡기 위해 애썼을 뿐이지요. 교회에서 성직자 자리를 놓고 돈이 오고가고 권력이 개입하는 것이 바람직하지 않다고 여겼기 때문이에요. 따라서 교황의 행동은 충분히 당시 상황에서 할 수 있었다고 생각합니다.

* 해답은 예시로 제시된 내용입니다.

왜 하인리히 4세는 카노사에서 굴욕을 당했을까?

왜 하인리히 4세는 카노사에서 굴욕을 당했을까?

역사공화국 세계사법정 19

왜 하인리히 4세는 카노사에서 굴욕을 당했을까?

ⓒ 이영재·이명재, 2010

초   판 1쇄 발행일   2010년 12월 27일
개정판 1쇄 발행일   2015년 8월 7일
개정판 4쇄 발행일   2022년 1월 4일

지은이   이영재·이명재
그린이   이주한
펴낸이   정은영

펴낸곳   (주)자음과모음
출판등록   2001년 11월 28일 제2001-000259호
주소   10881 경기도 파주시 회동길 325-20
전화   편집부 (02) 324-2347 경영지원부 (02) 325-6047
팩스   편집부 (02) 324-2348 경영지원부 (02) 2648-1311
이메일   jamoteen@jamobook.com

ISBN 978-89-544-2419-6 (44900)

과학공화국 법정시리즈 (전 50권)

생활 속에서 배우는 기상천외한 수학 · 과학 교과서!
수학과 과학을 법정에 세워 '원리'를 밝혀낸다!

이 책은 과학공화국에서 일어나는 사건들과 사건을 다루는 법정 공판을 통해 청소년들에게 과학의 재미에 흠뻑 빠져들게 할 수 있는 기회를 제공한다. 우리 생활 속에서 일어날 만한 우스꽝스럽고도 호기심을 자극하는 사건들을 통하여 청소년들이 자연스럽게 과학의 원리를 깨달으면서 동시에 학습에 대한 흥미를 가질 수 있도록 구성하였다.